これで**ネイティブ**っぽ！

ゲス女

の

GESUONNA NO EIKAIWA

YYYOKOOO

英会話

英語ってどのレベルになったら「話せる」って言えると思いますか?

英検2級取ったらでしょうか、TOEICで800点取ったらでしょうか。よく「海外に何年も住んでいれば自ずと英語が話せるようになってる」というような**神話**を耳にしますが、じゃあ話せるって一体どのラインなのか。

日本人に置き換えてみてください。日本語で会話ができるのは何歳からですか? 3〜4歳になれば「○○が好き」「○○が欲しい」くらいは言えるようになりますよね。11〜12歳ぐらいになれば、読める漢字も増えてきて、早い子

は難しい小説なんかも読めるようになっているでしょう。大人と子供で語彙や漢字の知識に圧倒的な差があるのは明らかですが、では根幹の部分、日本語の構成がしっかりと身につくのは何歳頃でしょうか？

というのも外国人相手に日本語を教えていたとき、初中級者相手に簡単な言葉遣いで話しても**全く通じない**ということが多々あったからです。みんな由緒ある日本語教材である程度勉強してそれなりに語彙はあるのに、私たちの普段の言葉が全く通じなかったりします。日本語に何年も親しんでいるはずなのに、日本の**4歳児**との方が**よっぽど会話になる。**英語でも同じことで

す。中高大学と10年勉強したあなたより、きっと英語ネイティブの6歳児の方がちゃんと意思疎通ができます。

私は同級生の中で**おそらく誰よりも英語を話すことに強い憧れを持っていた**と思います。

歌手になりたかった中学時代は洋楽で発音の練習に明け暮れ、高校進学時にはLとRの発音も区別ができていました。高校はかなり英語に特化した学校で、大学に進学した同級生たちが皆口を揃えて**「大学の英語の授業、クソ簡単やねんけど」**と漏らしていたことを考えると、結構高いレベルで英語の学習はしていたんじゃないかと思います。じゃあさぞかし当時から英語がペラペラだったんだろうと思われるかもしれませんが、それがまぁ全然そんなこと

ないんですね。

高校を卒業してすぐにダンサーを志しアメリカはLAにダンス留学をするんですけど、そのときの英語レベルたるや、**「今日腰痛いんで全力で踊れないっす」も言えない**ほど。

高2のときには、安楽死についての記事みたいなのを読解してたはずなんですけど、こんな日常の一コマのセリフが英語で言えない！　**なんでや!!**

ただ、中高と洋楽や洋画に親しんでいたおかげで、リスニングは日常生活に困らないレベルでした。

発音も練習の甲斐あって、「アイス・キャラメルマキアートもらえますか」とか我ながらすごく上手に言えてましたよ。

こういう日常生活における「これってなんて言うんだろう」という疑問は、もうほぼすべて**海外ドラマや**

洋画を観漁る（あさる）ことで払拭されました。高校で嫌と言うほど頭に叩き込んだ文法の数々が、生きた会話の中にこれでもかと組み込まれていて、ありとあらゆる映画や海外ドラマを、ときには同じものを何周も観ることで、私のボキャブラリーはどんどん堆積していきました。

初めは日本語字幕で観ていたのを英語字幕に切り替え、さらに辞書も英英辞書を使うことで英語のフレーズや単語をより本来の意味のまま理解できるようになりました。

YouTuberとして活動している現在は、難しい発音のコツや、最近使われているスラングを日本語で詳しく解説したり、日本語字幕付きの全編英語の動画を通じて、「あ、これってこういう意味で使うんだ！」というアハ体験を視聴者にしてもらったり、**英語が**

もっと身近に感じられるようなコンテンツ作りに日々精を出しています。

大事なのは語彙じゃない。

「明日になったらまず、〇〇をして、▲▲を取りに行かないといけない」

こんな文章を聞いたとして、隠れている部分があったとしても小学生くらいの日本語力があれば、「明日しなければいけないことを話している」こと、「▲▲よりも〇〇を先にしないといけない」ことは理解できます。

日本語初級の外国人はそもそも「になったら」がどういう意味なのかがわからなかったり、「取りに行く」が「取る」と「行く」がくっついてできているものだとわからなかったりします。間の「に」って何？　とか。英語がわからない方も、そこここに知っている単語はあれ

DUCTION

ど、それらをくっつけるものが何を意味しているのか
わからないから、文章の全体がそもそもわからん、
ということが多いと思います。それって全く意味ない
ですよね。10年も勉強してきて、何も身についてない
ってことです。

「言語がわかる」というのはまさに、**知らない単語はあるけど、 文章全体の言いたいことはわかる状態。** そしてそのわからない単
語も動詞なのか名詞なのか、動詞でもそれが過去形
なのかどうか、現在形はどんな形なのかがわかる。
わからない単語を見つけても辞書を引けば意味を理
解できる。もしくは誰かにその言語で説明してもらえ
ば意味がわかる。そういう状態こそがその言語の基
礎が身についている状態、と言えるのではないでしょ
うか。

これって私は大体**8歳児**ぐらいかな、と思ってい
ます。

ひとたび8歳児ぐらいの言語能力がつけば、その後はなんでも好きな映画や本やゲームに触れて、新しい語彙はいくらでも習得できます。

本書では、その**8歳児レベルで必要になる英語の基礎**をお教えします。

「英語ってこういう仕組み」というのが大体わかるようになるために必要な知識、試験勉強では習わなかった、ネイティブ相手にコミュニケーションを取りたい人に必要な知識を集めました。

本当に伝えたい肝心のニュアンスだけ掴んでもらえるように、**文法は正確にしすぎない**ようにしています。何かの間違いで本書を手に取ってしまった英語上級者の方々は、その辺何卒ご容赦くださいね。

DUCTION

Lesson **3**

もう慌てない！　長文読解のコツ

Lesson

これだけ押さえとけば英語は楽勝

All grammar points
you should know
to get by.

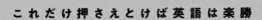

1. どうやって「英語脳」に なるのか

英語を話せる人が、ネイティブであれ帰国子女であれ独学勢であれ必ず聞かれるこの手の質問。特に英語と日本語は文字も構成も全然違うので、それらを自在に操れるとなればその脳の中でどんな処理が行われているのか、とても気になることだと思います。

その中でもよく聞かれる質問に、「英語を話すとき、日本語から訳していますか?」がありますが、ほとんどの英日両話者は No と答えるのではないかと思います。
もちろん私も No です。
英語で話すときは考えるときも英語です。英語で考えてるときは独り言も英語です。はい、英語で夢も見ます。

ではどうやって「英語脳」にしていくのか、これは他の言語を勉強するときにも応用できますので、是非参考にしてみてください。

文法の勉強は格ゲーみたいなもの

よく「文法は大事」だとか、「気にしなくてもいいんだ」とか、いろんな意見が溢れてますが、私は文法大事派です。

なんとなく相手に意図が伝わればいい人は、もうほんとにフィーリングとかの精神論でなんとかなるのでそれでもいいと思います。その精神論でももちろん友達もできますし、結婚だってできます。

なので、そういう方にはこれからお話しする文法の項は目が痛くなってくると思うんですが、最低限押さえておきたい文法だけさらっとやらせてくださいね。

文法が苦手な人はすごく多いと思うんですけど、そういう人たちが悩まされるのっておそらく文法用語じゃないでしょうか。分詞構文とか仮定法なんちゃらとか。なんちゃらとか言っちゃってますからね、私も用語は煩わしい派です。正直、英語を話しているときに「見たか！ 今の私の美しい分詞構文！」とか思って話してはいないわけです。

そして私も分詞構文がなんなのかわかりません。咄嗟（とっさ）に頭に浮かんだ頭良さそうな用語を引っ張り出してきただけです。

前置きが長くなりましたが、文法を覚えるときに私が思い描くイメージは格闘ゲームです。私の格ゲー好きは、スーファミ時代のストリートファイターⅡに始まり、一番好きなのは鉄拳シリーズです。

格闘ゲームをやったことのない人に説明をすると、相手の体力ゲージがなくなるまでコントローラーを操作して技を繰り出してボコスカ叩いて生き残った方が勝ちなんですが、ボタ

ン操作の組み合わせ（コマンド）で、パンチ・キック・投げ技と、まぁ何通りもの技を繰り出せるわけです。

なのでそのコマンドを、相手が繰り出してくる技の隙をついてこちらも繰り出していく。

操れるコマンドが多ければ多いほど、自由にキャラクターを操作できる。それがこの文法の知識に相当します。

習得しているコマンド（文法やフレーズ）の量が多ければ多いほど、自分の思っていることをより本来のニュアンスに近い状態でアウトプットできるわけです。

例えば格ゲーのコマンドというのは→→＼→××○といった組み合わせで技が打てる、みたいな感じですが、これを１つでも間違うと狙った技が繰り出せません。なので、各コマンドの配列をしっかりと覚える必要があります。

私が複雑な文法を覚えるときに考えているのはまさにそれです。なんでこの配列なのか、はどうでもいいんです。この配列で昇龍拳が打てる。大事なのはそこです。

よく文法が覚えられなくて躓（つまず）く人の中に「なんでこうなるのかわからない」と言う人がいますが、そんな人に言いたいのは「そういうコマンドだから」です。

それを「なぜ英語は日本語とこうも違うのか」「なんで英語ではこうなるのか」と問うことは、ゲームプログラマーになぜ昇龍拳のコマンドはこんな配列なんだ、と問うようなもので

聞かれた方も「って言われてもなぁ」にしかならないと思います。同じ質問をネイティブにしても同じ答えが返ってくるはずです。

2. 英語は置き場所がすべて

英語と日本語の決定的な違いはいわゆる助詞があるかないかです。「は」「が」「を」「に」が代表的なやつですね。
日本語はこの助詞を正しく使い分けていれば、文章のどこに主語や述語を置いても文が成立します。

> 私　昨日　映画館に　行ったんだ。
> 行ったんだ　昨日　映画館に　私。
> 私　行ったんだ　映画館に　昨日。

というふうに。

それが英語では
I went to the movie yesterday.
となります。

* Yesterday, I went to the movie. でも OK。

これを **To the movie, I went yesterday.** とか言っていいのはスター・ウォーズのヨーダだけなので、こんな話し方をすれば「え、ヨーダ?」「ヨーダなの?」と出身星を疑われて終わりです。

よく日本語を勉強中の外国人の方の日本語を聞いていて、意味はわかるけど日本語ではそういう言い方しないなぁということがあると思います。

母国語の配列のまま、もしくは母国語独特の言い回しそのままを日本語に置き換えているからそうなるのでしょう。

勘違いしている人が多いのですが、日本語の一語一語をすべて英語にしても、ネイティブには通じません。反対に英語の一語一語を日本語に置き換えた文を作っても、私たちには意味不明なことが多いです。どの言語にも、その言語らしい表現の仕方というものがあります。英語のルールなんてめちゃめちゃ簡単なので、これを機に「こういうもの」と脳にインストールしてしまえば、今後の文法の勉強も楽になっていくかと思います。

さて、では英語の勉強で覚えておくべき配列とは

だれが　　　→　どうする　　→　だれを　　→　どんなふうに
なにが　　　　　どうだ　　　　　なにを　　　　どこに

もしくは

だれが　　→　どうする　→　だれに　→　なにを
なにが

これだけです。いわゆる第4文型とか第5文型とかってやつ

ですね。

だれが	どうする	だれを	どこに
I	punched	my boyfriend	in his face.
私は	なぐった	私の彼氏を	彼の顔めがけて

→ 私は彼氏の顔をなぐった。

これがテンプレとなります。

だれが	どうする	だれに	なにを
Haters	sent	a YouTuber	100kg of dog poop.
アンチが	送った	YouTuberに	100kgの犬の糞を

→ アンチがYouTuberに100kgの犬の糞を送りつけた。

なんか本当にあるらしいですね。迷惑以外のなにものでもないですね。

だれが	どうする	だれを	どこに
A fan	followed	me	home.
ファンが	追いかけてきた	私を	家まで

→ ファンが家までついてきた。

こう、具体的に「だれ」から「だれ」へのアクションなのか
がはっきりしていれば我々日本人でも文章を組み立てやすい
ですが、こと日本語というのはそういった「だれ」から「だ
れ」へを意識せず文章を組み立てることがほとんどです。例
えば

　　　　　電話出てくれないと心配するじゃん。

という文章。
まず「心配するじゃん」の部分から組み立ててみましょう。
「心配する」という動詞はworryですが、I worry you.とい
うと「あなたを常々心配している」という意味になります。
上京した我が子を思う親みたいな感じです。今回は「電話に
出てくれないと」という条件付きなので相応（ふさわ）しくないですね。
なので前述の英語の基本の置き場所に無理やり当てはめてみ
ましょう。

だれが/なにが	どうする	だれを	どんなふうに
	する		心配した状態（に）

このように当てはめると、「だれが」もしくは「なにが」と
「だれを」が足りないことがわかります。「だれが」と「だれ
を」はそれぞれyouとmeであると想像できると思います。

だれが／なにが	どうする	だれを	どんなふうに
あなたが	する	**私を**	心配した状態（に）

「あなたが」「私を」なんて言うと、なんだか急に自分の言いたかったニュアンスから遠ざかっているように感じるかもしれません。

ですがいいですか、大事なのは日本語を日本語の並びのまま英語にすることではありません。「数少ない英語のテンプレに、日本語をいかに寄せるか」です。日本人の話す英語が不自然で回りくどい理由はもうまるっきりこれに集約されています。なかなか思った通りに文章を組み立てられない理由もそこにあります。そしてここでいかに柔軟に英語のテンプレに寄せられるかが、いわゆる英語脳を鍛えていく上で非常に大切な心持ちわけです。

さて、「〇〇（人）を」「〇〇（物／状態）に」「する」とくれば後は想像がつきませんか？

だれが／なにが	どうする	だれを	どんなふうに
You	**make**	**me**	**worried.**
あなたが	させる	私を	心配した状態（に）

→ あなたが私を心配にさせる ＝ 心配になる。

さて、元の例文に戻りましょう。

電話出てくれないと心配するじゃん。

「電話出てくれないと」は **when you don't pick up the phone** です。「ifじゃないんですか?」という質問が出てきそうですが、ifを使うときって「もし万が一そんなことがあった場合は」ぐらいの保険のかかり具合です。日本語の例文を見る限り、電話に出てもらえないことが「万が一」よりも頻繁にありそうな印象を受けるのでwhenにしておきましょう。つまり、「もし万が一電話に出てくれないようなことがあったら」と、強調して言いたい場合はifが適切なわけです。先ほどの文章とつなげてみます。

**When you don't pick up the phone,
you make me worried.**
もしくは、
**You make me worried when you don't
pick up the phone.**

どっちでも一緒。

ちなみに You make me というと、ご覧の通り、「あなたが」「私に」「させる」なので、かなり相手を責め立てるよう

な言い方になります。なのでよほど心配にさせられて、こちら側に迷惑がかかるような場合には You make me と言って、こちらの心情を訴えかけるのもいいと思います。
そこまで取り乱していない場合は

It makes me worried when you don't pick up the phone.

と、「だれが」の部分を「それ」＝「あなたが電話に出てくれないこと」にするのがいいでしょう。

いやー、あの後考えちゃったよねー。

さて、次はこの文章を英語にしてみましょう。
「あの後考えちゃった」ということは、「何か」もしくは「だれかが」私に考えさせるきっかけを作った、ということです。それを念頭に、テンプレに当てはめてみましょう。

だれが なにが	どうする	だれを	どんなふうに
		私を	考えている状態（に）

候補の2つの動詞を入れてみます。

だれが なにが	どうする	だれを	どんなふうに
	made した	私を	考えている状態（に）

1つ目は、いきなり過去形madeで書いてしまいましたが、これはmakeの過去形です。

makeは、「（その状態に）する」という意味なので、これから補う主語がきっかけになって考えはじめたようなニュアンスに。

さて、残っている「だれが」もしくは「なにが」ですが、これはもうそのときの状況によって変わってくるので臨機応変に変えましょう。

「you あなた」でも「it 特定のきっかけ」でも、「they 特定のだれか（複数）」でもいいでしょう。大事なのは、この日本語ではわざわざ言わないような「だれが／なにが」を決して欠かさないことです。英語では、普段日本語では意識していない「だれからだれへ」や「なにをどういうふうに」を必ず明らかにしなければいけません。

You made **me think.**

（あなたに）考えさせられた。

It made **me think.**

（それに）考えさせられた。

They made **me think.**

（彼らに）考えさせられた。

Point!

もう１つ、getを使う方法があります。

It got me thinking.
You got me thinking.

だれが／なにが	どうする	だれを	どんなふうに
It **You**	**got**	**me**	**thinking**
それが／あなたが	した	私を	考えている状態（に）

→　考えちゃうな〜。

ちなみにこれ、gotと過去形を使っていますが、意味として
は「考えちゃうな〜」と現在形の意味になるんだそうです。
それからなんでthinkはing形なの？
うん、なんででしょうね。
ネイティブからの回答を引用させてもらえば「**それが自然
だから**」です。
本章の冒頭でも言いましたが、言語学習において「なんでこ
の形なのか」「なぜこの形でこの意味になるのか」はあまり
意味を成さない質問です。こういう一貫性のなさで混乱する
外国語学習者は多いと思いますが、どの言語にもあります。
例えば日本語なら、「○○する前」と「○○した後」という
とき、文章の時制にかかわらず、「前」の前にくる動詞は必
ず現在形、「後」の前にくる動詞は必ず過去形です。なぜか

考えたことありますか？　私はないです。だって「そういうもん」でしょう？「寝た前にお風呂に入った」「今日は学校に行く後にバイトに行く」って変ですよね？　なぜなのか。「そういうもんだから」です。

しばらくかかっちゃって～。
しばらくかかったね。
しばらくかかったらしいよ。

日本人がこの三つを見れば、「時間が」かかったのだということと、それによって自分の時間が取られたのか、それとも他の誰かの時間が取られたのかは明らかですよね。
それを英語ではいちいち単語に起こさなくてはいけません。

It took me a while.　（自分の時間が取られた）
It took us a while.　（自分たちの時間が取られた）

→　しばらくかかっちゃって～。

It took you a while.　（あなた/あなたたちの時間が取られた）

→　しばらくかかったね。

It took them a while.　（彼らの時間が取られた）
It took her a while.　（彼女の時間が取られた）

→　しばらくかかったらしいよ。

It took me a while + to + _____ .

「何に」しばらくかかったのかは、その後に続けます。

しばらく かかった	**It took me a while**
なにに	**to** figure out he's the same voice actor who played Light Yagami. （デスノートの）夜神月と同じ声優さんだって気づくのに

宮野真守さん

In Summary...

> ここでのまとめ

- 決まったテンプレに正しい順番で単語を並べる。
- 「だれからだれへ」「なにをどういうふうに」などをはっきり
  させる。

日本のビジネスメールを翻訳していたとき、毎回「ご対応の
ほどよろしくお願い申し上げます」と書いてくる営業さんに

「具体的になにをどうしてもらいたいんですか?」って聞いてたの懐かしい。

3. 時制のあれこれを
整理しよう

はい、現在形とか過去形とか未来形とかのアレです。
中学で習ったことをうっすら覚えてる人も多いと思いますが、
厄介なのは日本語のそれに必ずしも対応するわけではない、
ということ。
例えば「〜している」は英語でbe 〜ingって習いましたよ
ね。半分合ってます。でもこの法則をすべてに当てはめて英
語にしようとすると詰みます。

I'm driving.　今運転してる。

これは合ってますね。今まさにこの瞬間ハンドルを握って運
転中なわけです。
ですが、「休みの日はずっと漫画読んでる」と言いたいとき、
I'm reading manga all day on my days off. とは言い
ません。
「習慣として継続していること」と「今この瞬間起こってい
ること」とで、同じ「〜している」でも使う時制が違います。
この項では日常会話で使われる時制と、いつどれを使うのか
について説明します。

現在形

まずそもそも現在形はいつ使うのか。

ずばり、現在の職業や日常的にやっていることを話すときです。

例えば、

I'm a YouTuber. I make videos on YouTube.

私はYouTuberです。YouTubeで動画を作ってます。

I also make let's play videos.
I film them once a week.

ゲーム実況も撮ります。撮影は週1でやってます。

＊ let's play でゲーム実況のことをいいます。

Point!

> 「記者をやっています」とか「出版社で編集
> をしています」と、日本語でも逐一「何の」を
> 明らかにしないように、何の動画かを明らか
> にせずとも話は進みます。

というように、日本語でなら「〜している」を入れるところ
も現在形のみで作ります。

では be 〜 ing、現在進行形とやらはいつ使うのか?

現在進行形

現在進行形は名前のまんま、今起こってる最中のときに使います。例えば、

I'm filming a video.
今動画を撮影している。

| to film | 〈動〉（映像を）撮影する |
| video | 〈名〉動画 |

というと、「今この瞬間、カメラを回して撮影している」ということです。

もう1つ、現在進行形でできることは未来形です。be going to 〜が一番見慣れた形だと思いますが、現在進行形に「明日」「来月」などの未来を表す語をつけることで未来形になります。上記のI'm filming a video. も「今何してんの？」への返答であれば「今していること」ですが、I'm filming a video tomorrowなどの未来を表す単語がついていれば、未来のことを話していると解釈できます。

I'm going to film a video today.
今日はこれから動画を撮る。

And I'm going to edit it tomorrow.
で編集は明日やる。

I'm moving to Tokyo next month.
来月東京に引っ越すんだ。

ん？ 未来形ってwillじゃねえの？ じゃあwillっていつ使うの？

willはいつ使うのか

will は名詞だと「意志」という意味です。
なので I will で文章を始めるときは、やるんだ！ という強い
意志を表したいときです。

I will go to bed by 10.　絶対10時までに寝る。

その発言に自信があるときも will を使います。

You will love California.
The weather is just great.

カリフォルニア絶対気にいるよ。
天気めっちゃいいもん。

Point!

CALIFORNIA

ちなみに I'll や You'll と略す
と、I will や You will と分け
るよりも「絶対」というニュア
ンスが和らぎます。その際
は特段意志の強さを強調す
ることなく be going to 〜
と同じ未来形になります。

そこまで厳密に
考えなくていいってゆうか

過去形と現在完了形、どっち使えばいいの？

こと現在完了形って、英語が苦手な人がまず躓くところではないでしょうか。まずそれぞれの形をおさらいしておきましょう。

なぜこいつらがややこしいのかというと、日本語の「〇〇した」の文章を過去形、現在完了形の両方で言い表すことができるからです。

動詞の原形	過去形 （動詞の過去形）	現在完了形 （have+過去分詞）	意味
drink	I drank	I have drunk	飲んだ
be	I was	I have been	私は〜だった
talk	I talked	I have talked	話した

> 動詞によって過去形と過去分詞が同じやつもいるよ。諦めて覚えよ。

職場からメールきた。

I received an email from work.
I have received an email from work.

うちら、このこと話し合ったよね。

We talked about this.
We have talked about this.

Point!

過去形を使っても、現在完了形を使っても、意味は両方「○○した」です。

ん？　じゃあどっち使えばいいの？

過去形と現在完了形を使い分けるポイントは「いつ」がはっきりしているかどうかです。

「いつ」がはっきりしているときは過去形を

「いつ」がはっきりしていないときは現在完了形を使います。

I received an email from work this morning.

今朝職場からのメールを受け取った。

I have received an email from work.

職場からのメールを受け取った。

現在完了形では、過去のあるときに「やった」から経験を表すこともできるんです。

I have lived **in France.**

フランスに住んだことがある。

現在完了進行形

さらに現在完了進行形を使って、過去のある地点から今までずっとし続けていると言うこともできます。

コマンド	主語 + have been / has been + 〜ing
	（過去のある地点から今まで）ずっと〜している

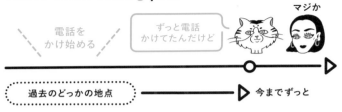

I have been calling **you.** ずっと電話かけてたんだぞ。

電話を
かけ始める

ずっと電話
かけてたんだけど

マジか

過去のどっかの地点 ———————▷ 今までずっと

過去進行形

「〜していた」って普通の過去進行形じゃないの？　あれは
いつ使うの？
あれもやはり過去の「いつ」かがはっきりしているときに使
います。

コマンド	主語 + was / were + 〜ing
	（過去のある地点に）〜していた

What were **you** doing **last night?**
昨日の夜お前何してたの?

I was talking **to my girlfriend
on the phone.** 彼女と電話で話してたよ。

過去完了進行形

過去完了進行形を使って、過去のある地点までは〜していた
と言うことができます。

コマンド	主語 + had been + 〜ing
	（過去のある地点まで）〜していた

**I had been calling you until a police officer
stopped me.**

警察官に呼び止められるまで電話かけ続けてたんだよ。

（君に）電話を
かけていた

I was calling you.

A police officer stopped me.

警察に止められた

ヤバくね？ マジか

あったことを
説明している

今

過去完了形

最後になりましたが、**日本語にないが故にいつ使うのか
わからないランキング、断然首位の過去完了形**です。

これもいわゆる過去形なんですが先ほどの過去形と完了形の比較のところで紹介しなかったのはこれが、<u>過去に起こった2つのアクションのうちの先に起こった方にだけ使われる</u>からです。なんでそんなややこしいことを……って思いますよね。

ただ正直、本来過去完了形を使わないといけないところで過去形を使っても、ネイティブには普通に通じます。なんならネイティブでもちゃんと使えない人もいます。

よほどIELTSとかで高スコアを狙いにいくのであれば是非ともマスターしておきたいところですが、日常会話で使えなかったからといって特に弊害ありません（言い切った）。

I was **very tired yesterday because I** hadn't slept **well the night before.**

一昨日あんま寝てなかったから、昨日はすごく疲れてた。

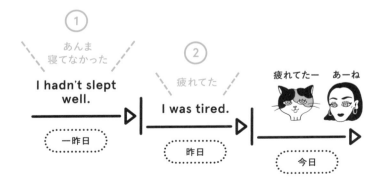

My sister had quickly slid her BL doujin under the bed before mom came upstairs.

お母さんが上に上がってくる前に、お姉ちゃんはBLの同人誌を
ベッドの下に素早く隠してた。

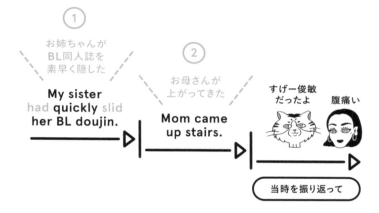

In Summary...

現在形	日常的、習慣的にやっている/起こっていること
現在進行形	今この瞬間やっている/起こっていること
過去形	「過去のいつか」がはっきりしているとき
現在完了形	「過去のいつか」がはっきりしていないとき
現在完了進行形	過去のある地点から今まで続いているとき
過去進行形	「過去のいつか」がはっきりしていて、過去のある 程度の期間続いていたとき
過去完了進行形	過去、ある程度の期間続いていたとき
過去完了形	2つのアクションのうち、どちらか先に起こった方

にそれぞれ使います。

4. 日本語とはちょっと違う受動態
（be＋過去分詞、get＋過去分詞）

日本語と英語の違うところ、ナンバーワンはこれかもしれません。日本語では「〜される」と表現するところを英語では能動態で表現するのが多かったりします。

He followed me on Twitter!

彼にTwitterでフォローされた！

Ow, she punched me!

いたっ、（あの子に）殴られた！

> ✕ I was followed by him on Twitter!
> ✕ I was punched by her!
> という言い方は、ネイティブには自然に聞こえません。

無理に日本語のまま訳そうとすると、かえって難しくなったり不自然になったりしてしまいます。

そもそも過去分詞ってなんぞ

一度YouTubeの動画のコメントで「過去分詞がわかりません」という何をどうしたらいいのかっていう質問をされたことがあります。過去分詞の存在意義を訊かれているのか、役割を訊かれているのか。

前者が質問の意図だった場合「ただそこにある」と詩人みたいな答えしか私には出せないんですが、後者の場合は「状態」を表している動詞です。

正直、過去分詞だけで「〇〇された状態」を表すことができます。例えば、

だれ/なに	どんな状態	
Email	**sent**	メール送信完了（メールが送信された）
ID	**confirmed**	ID確認完了（IDが確認された）
Suspects	**identified**	容疑者特定（容疑者が特定された）
Shooter	**located**	スナイパーの位置を特定（スナイパーの位置が特定された）

いわゆる業務中とか作戦中に使われるやつですね。
過去分詞＝（その動作が）完了って考えるとわかりやすいかもしれないです。

結婚のステータスなんかを表現するときも使いますね。

married………… 既婚 …………… （結婚した状態）
engaged………… 婚約中………… （婚約した状態）
separated……… 別居中………… （別居した状態）
divorced……… バツイチ……… （離婚した状態）
widowed……… 未亡人………… （配偶者が亡くなった状態）

じゃあ be 動詞って何してんの？

be 動詞は主語と過去分詞を＝（イコール）でつなぐようなものです。これをさっきの結婚ステータスで見てみると

だれが	どうだ（今）	どんな状態	
I 自分	**am** ＝	**married.** **engaged.** **separated.** **divorced.** **widowed.**	結婚している。 婚約している。 別居している。 離婚している。 未亡人だ。

これだけです。

これが過去形になれば

だれが	どうだった（過去）	どんな状態	
		married.	結婚していた。
		engaged.	婚約していた。
I	**was**	separated.	別居していた。
自分	＝	divorced.	離婚していた。
		widowed.	未亡人だった。

ではbe動詞の代わりにgetを使うとどうなるのか。be動詞が＝（イコール）の役割をしていたのに対して、getを使うと瞬間的にその状態に「なる」という表現ができます。

だれが	どうなる	どんな状態	
		married.	結婚している（状態になる）。
		engaged.	婚約している（状態になる）。
I	**get**	separated.	別居している（状態になる）。
自分	～の状態になる	divorced.	離婚している（状態になる）。
		widowed.	未亡人である（状態になる）。

ただ、注意したいのはこの「get（現在形）」＋ 過去分詞、「傾向を表すとき」に使います。自分が特定のシチュエーシ

ョンで「どうなりがちか」というのを言い表せるんです。となると、前のページの例だと日本語訳はこうなってしまいます。

だれが	どうなる	どんな状態	
I 自分	**get** 〜の状態になる	**married.** **engaged.** **separated.** **divorced.** **widowed.**	結婚しがち。 婚約しがち。 別居しがち。 離婚しがち。 未亡人になりがち。

「未亡人になりがち」じゃねえんだよ。

ってなりますよね。あくまで「get（現在形）＋過去分詞」は普段の傾向を表すものなので、上記のような一世一代のアクションではあまり使いません。ここは過去形にしておくのが自然でしょう。

だれが	どうなる	どんな状態	
I 自分	**got** 〜の状態になった	**married.** **engaged.** **separated.** **divorced.** **widowed.**	結婚した。 婚約した。 別居した。 離婚した。 未亡人になった。

ちなみに過去分詞のところは「状態」を表しているので、ここに形容詞もぶち込めます。

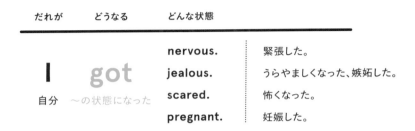

だれが	どうなる	どんな状態	
I 自分	got 〜の状態になった	nervous.	緊張した。
		jealous.	うらやましくなった、嫉妬した。
		scared.	怖くなった。
		pregnant.	妊娠した。

というわけで、時系列にするとこんな感じです。

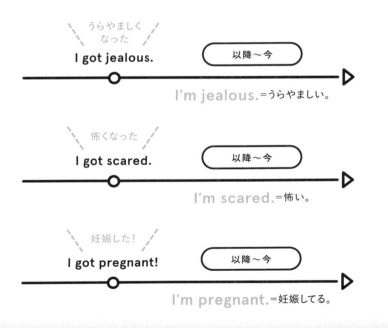

うらやましく
なった
I got jealous.　　以降〜今
I'm jealous. = うらやましい。

怖くなった
I got scared.　　以降〜今
I'm scared. = 怖い。

妊娠した！
I got pregnant!　　以降〜今
I'm pregnant. = 妊娠してる。

では、「get + 形容詞／過去分詞」を使って、いくつか「○○しがち」を表現してみましょう。

I get nervous __when speaking__ *
in front of everybody.

人前で話すと緊張する。

Even my hands get sweaty.

手汗だってめっちゃかく。

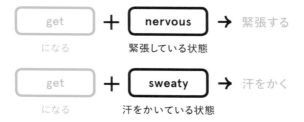

I get told that I don't look Japanese
all the time.

常に日本人に見えないって言われる。

**I get bored during a movie
so I don't watch them very often.**

途中で集中力切れるからあんま映画観ないんだよね。

get	+	bored	→	飽きる、
になる		退屈している状態		集中力が切れる

I easily get irritated <u>when asked</u> *
the same question over and over again.

同じ質問何回もされるとすぐイライラしちゃうんだよね。

get	+	irritated	→	イライラする
になる		イライラしている状態		

get	+	asked	→	訊かれる
になる		尋ねられる状態		

＊I get などが続くと長ったらしいので、同じ文章内に I を繰り返さないために、When の後、
過去分詞だけや動名詞だけになったりします。

さらに・be（現在形）getting + 形容詞
　　　・be（現在形）getting + 過去分詞
　　　で「徐々にその状態になってきてる」と表せます。

I'm getting nervous.
やばい、緊張してきた。

My hands are getting sweaty.
手汗も出てきた。

be	getting	+	**nervous**
現在形	になってきてる		緊張している状態

→ 緊張してきてる

be	getting	+	**sweaty**
現在形	になってきてる		汗をかいている状態

→ 汗をかいてきてる

これを時系列で表すとこうなります。

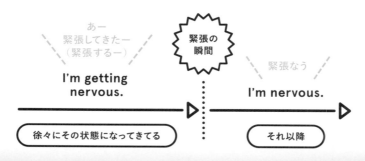

あー
緊張してきたー
（緊張するー）

緊張の
瞬間

緊張なう

I'm getting nervous.　　　**I'm nervous.**

徐々にその状態になってきてる　　　それ以降

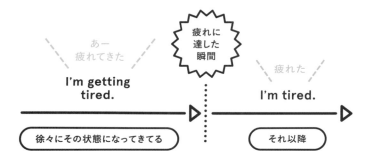

あー
疲れてきた

疲れに
達した
瞬間

**I'm getting
tired.**

疲れた

I'm tired.

徐々にその状態になってきてる

それ以降

もちろん be（過去形）getting + 形容詞／過去分詞で、
「徐々にその状態になりつつあった」ことも言い表せます。

I was getting **nervous.**
緊張し始めてた。

My hands were getting **sweaty.**
手汗も出てきてた。

be	getting	**+**	**nervous**
過去形	になってきてる		緊張している状態

→ 緊張してきてた

be	getting	**+**	**sweaty**
過去形	になってきてる		汗をかいている状態

→ 汗をかいてきてた

これを時系列で表すとこうです。

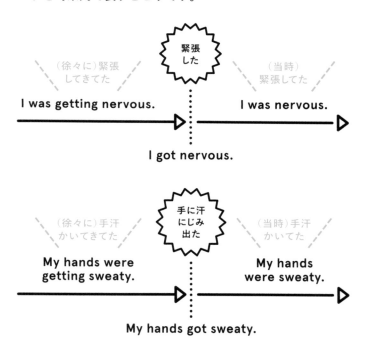

同じ要領で"will get"と"be going to get"を使って「その状態になっているだろう」と、未来を予測することもできます。

I will get nervous for sure.
I'm going to get nervous for sure.

絶対緊張するわ。

will get / be going to get
になるだろう

+

nervous

緊張している状態

→ 緊張するだろう

My hands will get sweaty.
My hands are going to get sweaty.

手汗も出ると思う。

will get / be going to get
になるだろう

+

sweaty

汗をかいている状態

→ 汗をかくだろう

もしくは「絶対その状態になってやる」と強い意思表示もできます。

I will get **accepted!**
I'm going to get **accepted!**
受かる！　受かる！　受かる！

| will get / be going to get | **+** | **accepted** |

になるだろう　　　　　　　　　　　　　受け入れられた状態

→ 受かる（合格する）だろう

I will get **married.**
I'm going to get **married.**
絶対結婚する。

| will get / be going to get | **+** | **married** |

になるだろう　　　　　　　　　　　　　結婚した状態

→ 結婚するだろう

結婚したい人の状態の移り変わりを時系列で表すとこうなります。

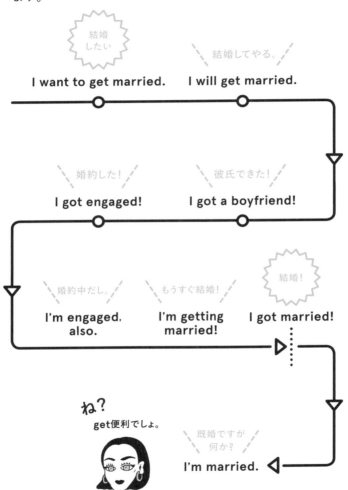

結婚
したい

I want to get married.

結婚してやる。

I will get married.

婚約した！

I got engaged!

彼氏できた！

I got a boyfriend!

婚約中だし。

I'm engaged, also.

もうすぐ結婚！

I'm getting married!

結婚！

I got married!

ね？
get便利でしょ。

既婚ですが
何か？

I'm married.

5. could、should、would、may、mightは これだけ覚えとけば余裕

この辺りから文法が不安だったり、いつ使うのかわからなくて苦手な人が出てくると思いますが、文法上のルールはとてもシンプルです。どれも現在形のときは直後に動詞の原形がやってきて、過去形のときはhave + 過去分詞がくる、それだけです。コマンド自体とてもシンプルなので、あとは過去分詞のバリエーションと、could、should、would、may、mightそれぞれの能力を把握していれば何も怖いことはありません。

[**may、might**]

両者とも「〜かもしれない」という意味ですが、違いを挙げるならmightの方が自信がない、くらいでしょうか。

現在形

コマンド		意味
may might	+ 動詞の原形	〜かもしれない 〜かもしれない（mayより自信ない）

It may cause **some serious problems.**

何かしら深刻な問題が起こるかもよ。

You might be **wrong about it.**

それ間違ってるかもよ。(やさしく指摘)

過去形

コマンド	may + have + 過去分詞
意味	〜だったかもしれない

コマンド	might + have + 過去分詞
意味	〜だったかもしれない(mayより自信ない)

It may have caused **some serious problems.** 何かしら深刻な問題が起こってたかもしれないよ。
You might have been **wrong about it.**

それ間違ってたかもよ。(やさしく指摘)

なーんにも難しいことなかったですね。次。
ついでにmustも倒しておきましょうか。

[must]

mustは皆さんも学校で習ったかと思いますが、「〜しなければならない」という意味ですね。ただすごく堅いです。さながら日本語の「〜しなければ」「〜せねば」が訳に相当するんじゃないでしょうか。日常会話の「〜しなきゃ」よりもかなり堅い印象を与えます。

I must wake up at 7.
私は(なんとしても)7時に起きなければ。
I must take this call.
私は(なんとしても)この電話に出なければ。

うん、だれ？ どの時代の人？ この令和の時代でも普段からそういう口調です！ って方はごめんなさい。大変失礼いたしました。フォーマルな場ではいいと思いますが、普段の会話に使うと、「ん？ 急にゲーム・オブ・スローンズごっこ？」ぐらいの時代の遡行感です。普段の会話で使うときも、have toやshouldよりも、より強制力が強い印象です。「やらなきゃな〜」というような温度感では使わない言葉です。コマンドはmay、mightのときと全く一緒です。

もう1つ注意したいのは、mustに続く動詞がbeのときは「〜に違いない」という意味になることです。それからmustを過去形で使うときは、「〜した（〜だった）に違いない」一択になるので気をつけましょう。

コマンド	must + 動詞の原形
意味	〜しなければならない（堅め） （動詞がbeのとき）〜に違いない

コマンド	must + have + 過去分詞
意味	〜したに違いない （動詞がbeのとき）〜だったに違いない

You must be **exhausted after a long day.**
長い1日でさぞ疲れたでしょう（疲れているに違いない）。

We must **not tolerate racism.**
人種差別を許してはならない。

That must be **some kind of a joke.**
そんなの何かの冗談に決まってる（冗談であるに違いない）。

「疲れた」ってややこしい単語ですよね。過去形なのに今「疲れてる」ときも「疲れた〜」って言いますよね。「あー今疲れてるわ〜」ってなんで言わないんでしょうね。この辺り、日

本語を勉強している外国人の生徒さんに教えるの苦労した覚えがあります。

今現在疲れていようが、過去の特定の瞬間疲れていようが日本人は「疲れた」と表現します。ですが、英語は現在、過去と形がはっきり分かれているので、しっかりと使い分ける必要があります。

今目の前で疲れている様子の相手に対しては

You must be **exhausted.**

と現在形を使います。

相手が過去の話をしていてそのときいかに大変な状況だったかを聞き、それはさぞかし大変だったろう、疲れたことだろうと相手を労いたいときには過去形を使います。

You must have been **so exhausted.**

それ、めっちゃ疲れたでしょ（さぞ疲れていたことだろう）。

You must have had **great experience in France.**

フランスでさぞいい経験をしたんだね（さぞいい経験をしたに違いない）。

[could、should、would]

はい、次。could、should、wouldいきましょう。まずそれぞれの大まかな意味を見てみましょう。

could	意味
	〜できた
	〜しようと思えばできる
	〜することもあるかもしれない

should	意味
	〜するべき
	〜のはず
	〜した方がいい

would	意味
	自分なら〜する
	〜しうる（couldと似てる）
	〜したこともあったな（懐古）

「そんなの学校で習ってないですー！」

という声が聞こえてきそうですが、いやほんとに。これさえ教えておいてくれれば苦労しなかったものを。なんだよ「wouldはwill（未来形）の過去形」って。いつ使うんだよ。

試験のために習ったはいいけど、「こいつら（仮定法）いつ使うんだよ」って思ってた方多いんじゃないでしょうか。実際ネイティブの会話を聞いているとそこここで耳にします。

まずはcouldから見ていきましょう。

[could]

コマンド	意味
could + 動詞の原形	〜できた 〜しようと思えばできる 〜することもあるかもしれない

みんな学校で習った通り、canの過去形「〜できた」としての役割を果たすときもあります。ただ上の意味にあるように、現在のことを話すときも使われます。現在のこと、というか「こういうのもありうるよね」「こうなりかねない」と未来の可能性を示唆する言い方です。これが、このcould、should、wouldを使う一連の用法が「仮定法」と呼ばれる所以でしょうね。

> **Don't tweet about your client.**
> クライアントのことツイートしちゃダメだよ。
> **It could ruin your career.**
> キャリア潰れかねないよ。

Shoot, I forgot to pick up my dry cleaning.

やばっ、クリーニングに出した服、取りに行くの忘れた!

I could go pick it up, if you want.

よかったら俺取ってこようか?
(君がそうして欲しいなら俺が取ってくることもできるけど)

＊go ＋動詞の原形で、〜しに行く、〜してくる

What do you think about getting us a puppy?

ねえ、子犬飼うのとかどう?

We could. But I prefer a kitten, actually.

それもアリだけど、どっちかって言うと子猫の方がいいかな。

「そうすることもできるけど」「それもアリだけど」というときにcouldはとても便利です。上の例文のように "We could but…"、"I could but…" と「できないこともないけど」と断った上で自分の希望も伝えたいときって、皆さんもたくさんあるんじゃないでしょうか。

Can you guys pick me up at work?

みんな職場に迎えに来てくれる?

We could. But are we gonna?

できないことないんだけどどうしようかなー?(やるかなー?)

某海外のYouTuber *1 が炎上したときの有名なセリフ
"We could. But are we gonna?" を取り入れてみました。
めっちゃ汎用性高い(笑)。

**Hey, I'm coming out of a
shower but there's no towel.
Can you bring me one?**

ねえ今シャワーから出ようと思ったんだけど
タオル全然ないー。1枚持ってきてくれない?

I could. But am I gonna?

できないことないんだけどどうしようかなー?(やるかなー?)

*1 アメリカのYouTuber、Tana Mongeau(タナ・モージョー)が自身のイベントを開催するも、会場キャパ超えの人数の観客が押し寄せた。炎天下の中会場に入れず倒れる人も続出。当初参加が約束されていた他の人気クリエイターたちも会場に現れず非難が殺到。後にタナとイベント運営責任者らとのミーティング映像が公開され、チケットの販売数を少し減らすこともできると提案したオーガナイザーに対してタナが言った"We could. But are we gonna?(してもいいけど、するかな?)"が、そのキャッチーさで一時期ネット上に拡散された。

続いて should を見ていきましょう。

[should]

コマンド	意味
should + 動詞の原形	〜するべき 〜のはず 〜した方がいい

> I should get going.　僕、そろそろ行きますね。

このget goingってネイティブの会話の中でとてもよく聞きます。これひとつで「行く」「この場から去る」という意味で、お暇（いとま）したいときにぴったりのフレーズです。それをshouldと一緒に使うことで、ここでは「〜した方がいい」のニュアンスになっています。

「僕、そろそろ（お暇した方がいいと思うので）行きますね」という感じです。45ページで紹介したように、getは「○○の状態になる」という意味です。going＝その場から離れていく、が後に来て「お暇します」の意味になります。

> The delivery guy should be here in any second.　配達の人そろそろ来るはずなんだけど。

なんだか「そろそろ」を連発していて、さもshouldに「そ
ろそろ」の意味がありそうな感出してますが、全然そんなこ
とはありません。ここでの「そろそろ」はin any second
の部分に表れています。

> **You** should not call
> **in the office this early.**
> こんな早い時間にオフィスに連絡しちゃダメだよ。

「〜するべきじゃない」ってすごく堅い感じがして、日常会
話だと少し敬遠しちゃいますよね。でもネイティブって結構
「〜しちゃダメ」のニュアンスでshouldを使っている気が
します。

> Should I call **her and apologize?**
> （彼女に）電話して謝った方がいいかなぁ?

> **You definitely** should.
> 絶対そうした方がいい。

出た、shouldとかよくわからないものだけ置いて肝心の動

詞省略するやつ！　ネイティブやりがちなやつ！　でも残念ながらこれが英語っていう言語なんです。みんな慣れるしかないんやで……。

とりあえず目の前にshouldが現れたら、先ほど挙げた3つのshouldの持つ意味を思い出してみてください。どれか1個に絞れよ！　一人で出しゃばんなよ！　とか言わないであげて。**できる子なの、shouldは！**

というか、これってshouldに限った話じゃないので、もういい加減諦めて慣れてください。　　敬具

Shouldn't he **be here** in any second?
あいつもう来てないといけないんじゃないの？

should be here ＝ ここにいないといけない、いるはずだ

He should be alright.
（あいつは）大丈夫っしょ。

should be alright ＝ 大丈夫なはず、大丈夫であるべきだ

[would]

さてアイツですよ。

みんなが「willの過去形」って習ったアイツですよ。

でも考えようによってはその解釈でもいいのかも？

will ＝ 〜するだろう

would ＝ 〜しただろう

と考えればわからんでもないんですが、それを「未来形の過去形」だなんて、「ゆったりだけど着痩せ」みたいな、それ太ってる私にも適応されると思ってる？　って思わず眉根を寄せてしまいそうなネーミングにしなきゃいいのに。

話が逸れましたがwouldの意味はこんな感じです。

コマンド	意味
would＋動詞の原形	自分なら〜する 〜しうる（couldと似てる） 〜したこともあったな（懐古）

この「自分なら〜する」の部分がまさに、「willの過去形」として紹介したかった部分なのではないでしょうか。本来焦点を絞るべきはそこよりも「自分なら」という点なんですが。そのあとはなんでもいいんですよ、大事なのは「俺だったら」「私だったら」

の部分です。

> **You don't look so well.**
> **I would go see a doctor (if I were you).**
> ひどい顔色だよ。私（があなた）だったら病院行くけどな。
> **My brother would never believe**
> **that I got a boyfriend.**
> 彼氏ができたなんて、お兄ちゃんは絶対信じてくれない。
> **Would it be weird if I call in**
> **my boyfriend's office instead of him?**
> 彼氏の代わりに彼の職場に電話したら変かなぁ？

よく教科書などではI would…if I were youのセットで仮定法として紹介されているかと思いますが、正直if I were you（もし私があなただったら）がなくともI wouldだけで「自分だったら」の意味になります。

Would it be weird if…？　は「もし〜したら変だろうか？」という意味ですが、「〜だろう」なのにここでwillを使わないのは「こう仮定したときに」というニュアンスがあるからです。「こうしたとすると」「もしこうなら」、全部何かを仮定してますよね。そういうときはwouldです。

これをWill it be weird?　にすると、willって「そうなる」や「そうする」という意志の力が込められているので「それって変

になるんだよね？　変にしてよね!」のように不思議なこだわり
を追求する人になってしまうので気をつけましょう。

> **Will it be okay?**　や
> **Will you be okay?**　であれば
> 「ねえ、（それ／あなた）大丈夫なんだよね?」
> と念を押すことができます。

> Would **they** mind if I borrow
> one of these umbrellas?
> この傘1本借りちゃまずいかな?（怒られるかな?）
> I'm sure they wouldn't.
> 大丈夫だと思うよ。

---

mindという動詞は「〜を気にする」「〜すると気に障る」という
意味です。日常会話の「〜しちゃダメ」や「〜したら嫌」「〜した
らまずい」に当てはまると思います。
ここで大事なのは英語では、それで「だれが嫌な気持ちになる
のか」を文章の中に入れないといけないことです。この文章の
場合その「だれか」はtheyとなっていて具体的に述べられてい
ませんが、三人称複数形なのでお店やホテルなどの施設、もし

くはお邪魔しているお宅の家族でもいいでしょう。状況に応じて、嫌な気持になるのは特定の1人（he/she）なのか、2人以上の複数人（they）なのか、はたまた目の前の誰か（1人でも複数でもyou）なのかで使い分けましょう。

「傘を借りたら彼らは嫌がるだろうか？」
「いや、嫌がらないだろうという自信が私にはある」

がおそらく教科書的に正しい訳になるんでしょうが、まぁ普段だれもそんな話し方はしないですよね。

> ### Should I call her and apologize?
> （彼女に）電話して謝った方がいいかなぁ？

> #### I would.
> 俺だったらそうするよ。

はい、出た！
wouldとかよくわからないものだけ置いて肝心n……（以下略）。ただ今回は先ほどとは違い、相手とは違うやつ（would）で応戦してます。相手は「するべきか（should）」と訊いているのに「俺ならそうする（would）」と答えているんです。そう、**そういうのどんどんしちゃっていいんですよ。**

むしろこうやって遊ぶためにそれぞれの意味をしっかり覚えていて欲しい。こういうの使い分けられると楽しそうでしょ？
実際楽しいです。

> **I would always fancy Megan Fox when I was young.**
> 昔ずっとミーガン・フォックスにそそられてたなぁ。

> **I mean, who wouldn't?**
> 全員そうじゃね？

fancy+人	〈動〉(人に)性的な魅力を感じる
Who wouldn't?	誰がそうしないというのか？＝ 誰でもそうするだろう。

さて、would+動詞の原形でもうひとつ覚えておいて欲しいのが「昔はよく〜したなぁ」と懐古する使い方です。形が「自分だったら」と全く同じなのでややこしいですが、今現在のことを話しているのか、昔を懐かしんでいるのかは会話の流れでわかると思います。
以上がそれぞれの基本的な意味でした。

では、この項目で紹介したcould、should、wouldが過去形
になると

コマンド	意味
could **should** + **have** + 過去分詞 **would**	〜しても良かった 〜することもできた 〜すれば良かった 〜するんだった 自分だったら〜したのに

はい、いわゆる仮定法というやつです。仮定法とはなんぞ？
という方には「たられば」と言えばわかるでしょうか。
英語でもたらればに相当する言葉がありまして、それは"woul-
da、coulda、shoulda"です。ちなみにこれは順不同なので、
"coulda、woulda、shoulda"でも"shoulda、woulda、coul-
da"でもいいはずです。いずれにせよそれぞれ"would have"、
"could have"、"should have"の省略形で、このコマンドで
「ああすれば良かったのに」「こうするべきだったのに」というこ
とが表現できるわけです。
それぞれの違いを理解するために、私の動画で紹介した例文
をここでも引用してみます。
ものすごく有能な人が会社に面接にやってきたのに、どういう
わけか上司はその人を採用しませんでした。決定に納得がい
かなかったあなたは同僚に本音を漏らします。

I would have hired **him.**
俺だったら雇ってたけどなぁ。

あなたに同意した同僚が上司に尋ねることにしました。
Why didn't you hire him? すると上司は、

Yeah, we could have**, but…**
雇っても良かったんだけどね〜。

と煮え切らない態度。それに対し歯に衣着せぬ同僚が、

You totally should have**.**
絶対雇った方が良かったですよ(雇うべきだったのに)。

YYYOKOOO's Column 01

猫との暮らしでわかったこと

猫が好きです。4匹飼ってます。

4匹4様、思い思いの場所に転がって熟睡する姿を見ていると、あっという間に日が暮れ夜が明ける毎日です。

猫を飼い始める前、私は渡英する準備をしていました。

2年のフランス滞在を終えて、次はイギリスでのワーホリビザを申請するため一時帰国のつもりで日本に帰ってきていました。東京に10年住んで、とことん自分には日本は合わないと思い、私が私らしくいられる場所はきっとこの小さい島国の外なんだ！　と飛び立った先はフランス、パリ。

日本で感じる同調圧力は皆無。いい意味でも悪い

意味でも自分に正直で奔放なパリ人に囲まれての
生活。生まれた場所に縛られる必要なんてなくっ
て、自分が心地よく生活できる場所は、自分で選
んでいいんだなと、ひとつ肩に入った力が緩んだ
気がしました。

猫を飼い始める前は、海外に住むことが自分の幸
せなんだと思い込んでいました。

パリは、ため息が出るような美しい建築に溢れて
いて、内装もぶっ飛ぶくらいおしゃれ。同性も異
性もモデルかってぐらい美しい人が多くて、てい
うかパリだし、おしゃれな感じするし、パリに住
んでる自分っておしゃれ・オブ・おしゃれじゃね?
って思ってました。だから、ビザが切れて帰国し
ても、次は同じ多人種国のイギリス! と息巻い
て、ワーホリのビザも滞りなく入手したところで
ふと思いました、

「イギリスに行ったところでまた仕事を探して、
家賃を払うためにまた週5で働くのか」

「また乗りたくもない電車に乗って週5で通勤す

るのか」と。

東京に住んだことのある人なら電車のストレスが
どんなものかわかると思います。

ラッシュ時の恵比寿から新宿まで、ものの7分と
はいえ地獄の7分です。その地獄の7分のために
10分駅まで歩かないといけないのなら、自転車
で25分の移動を選んでいました。

一時帰国中のバイト先も、もちろん自転車で通え
るところにしました。なんでもよかったので、と
りあえず目についた新規オープンのホテルの受付
を選びました。

そのホテルの裏で出会ったのが現飼い猫のぽんた
です。

野良猫なのに人を怖がる様子がなくて、餌をあげ
始めるとたちまち懐き、ガラスのドア越しに
10mほど離れていても私の顔を見るなり駆け寄
ってきたり。

「おれ、こいつ飼う」

心が決まった瞬間でした。

ホテル勤務と並行して始めたオンラインでの日本語と英語の講師の仕事が軌道に乗ってきたタイミングでペット可の物件に引越し、ぽんたとまだ子猫だったゆひこを迎え入れました。

仕事も念願の在宅勤務に切り替えることができ、生涯初めて出勤しなくていい生活が始まりました。

収入は決して多くないけど、休みも自由に選べ、好きな時間に起きて仕事して、好きな時間に眠る。

圧倒的な外出頻度の少なさで体重はみるみる増えましたが、完全にストレスフリーでした。

猫がいる生活の解毒作用、すごい。

それまでストレスだったのは、日本にいることじゃなく、人に囲まれていないといけない生活、そして何より猫のいない生活でした。

今ではさらに子猫2匹が増え、4匹とにぎやかに楽しく暮らしています。

とはいえ猫4匹との同居って決して簡単ではないです。

物は置いておいたところにとどまらないし、部屋

はすぐに汚れるし、餌代も馬鹿にならないし、撮影したいときに限って大声で鳴いたり、運動会し始めるけど、もうこの子たちのいない生活なんて考えられない。

基本的にこれまでの選択に後悔したことはないけれど、猫を迎え入れたのは間違いなく最良の選択でした。

2

"英語らしさ"を掴む

How to get
your English sound
more natural.

1. 日本語から変換すると詰む、英語独特の表現

皆さん、日本語吹き替えの映画やドラマを見たことはありますか？　日本語に訳されているはずなのに、やけに言いまわしが「海外風」だなって思ったことはないでしょうか。日本語字幕であっても「なんだか不思議な」セリフの言いまわしを見たことはないでしょうか。それから外国人が日本語を話しているときに「普段うちらはそうは言わないけど、言わんとすることはわかる」というような発言を聞いたことはないでしょうか。

それはまさにその人の母国語での表現をそのまま忠実に日本語に訳したから。もちろん、「日本の心忘れたくない」という方は好きにしていただいて結構ですが、英語独特の表現というのを脳にインストールしておくと、一見訳すのが大変そうな日本語の文章もあっさり英語に訳せてしまったりします。本章ではそんな日本語では馴染みのない、英語独特の表現をいくつか紹介します。

I have some 名詞 to 動詞 .

もしかしたらこのコマンドは見たことある人もたくさんいらっしゃるかもしれません。例えば、

だれが	どうする	なにを	どんな
I	**have**	some 名詞 **work**	to 動詞 **do** .
私は	持っている	仕事を	するべき

→ 私にはするべき仕事がある。

はい、置き場所の法則は変わりませんよ。英語ってシンプル！構造はシンプルなのに、このコマンド、I have some 名詞 to 動詞 ってすごく汎用性が高いんです。なんならアイデア次第で言えることは無限にあります。

だれが	どうする	なにを	どんな
I	**have**	some 名詞 **search**	to 動詞 **do** .
私は	ある	リサーチ	するべき

→ ちょっとリサーチしないといけないんだよね。

なにも 動詞 に入るのはdoだけじゃなくていいんです。

だれが	どうする	なにを	どんな
		名詞	動詞
I	**have**	some **secrets**	to **tell** you.
私は	持っている	秘密を	あなたに伝えるべき

→ ちょっと打ち明けたい秘密があるんだよね。

だれが	どうする	なにを	どんな
		名詞	動詞
I	**have**	some **emails**	to **reply**.
私には	ある	メールが何通か	返信するべき

→ ちょっと返さないといけないメールがあるんだよね。

だれが	どうする	なにを	どんな
		名詞	動詞
We	**have**	some **catching up**	to **do**.
私たちには	ある	近況報告	するべき

→ うちらちょっと近況報告しないとでしょ。(久しぶりに会った友達に対して)
うちら今から近況報告するから(邪魔しないで)。

to catch up with〈人〉で「〈人〉に追いつく」という意味ですが、相手に物理的に追いつくだけでなく「知識で」もしくは「情報で」追いつくことから、**catch up with**〈人〉で「〈人〉と近況報告をする」という意味にもなります。

だれが	どうする	なにを	どんな
		名詞	動詞
He	**has**	a | class |	to | teach | .
彼には	ある	授業	教えるべき

→ 彼、今から授業あるよ。(教える側)

だれが	どうする	なにを	どんな
		名詞	動詞
She	**has**	some | growing up |	to | do | .
彼女には	ある	成長すること	するべき

→ 彼女はちょっと大人にならないといけないね。

だれが	どうする	なにを		どんな

			名詞	動詞
Teenagers	**have**	**too many**	**fucks**	**to** **give** .
10代の 子たちには	ある	ファックがたくさん		与えるべき

……ちょっと何言ってるかわかんないですよね。これは何か
というと
「**クッソどうでもいい**」と言いたいときの表現で、

"I don't give a fuck."
"I don't give a shit."
"I don't give a damn."

というのがあります。否定形で使うと「どうでもいい」とい
う意味になるので、これを肯定形の"**give a fuck/shit/
damn**"にすると「気にかける、気にする」という意味になり
ます。これをtoo many＝あまりにもたくさん、have＝持っ
ている、ということはつまり、「クッソどうでもいいことを気
にしすぎ、首突っ込みすぎ」という意味になるんです。
つまり、

Teenagers have too many fucks to give.

→ 10代の子たちというのはどうでもいいことを気にしすぎなんだ。

という意味になります。

あ、ちなみにfuckとかshitはよほど仲の良い人以外には使わないでくださいね。damnはギリギリですが**子供の前ではやめておきましょう**。よほど苛立ちや切羽詰まっている様子を伝えたいときは有効かもしれませんが、あまりに普段から使いすぎると**教養のない人**と思われるので**自己責任**でお願いします。

2.「〜したい」って覚えてると詰む
want to

はい、中学で習いましたね。want to + 動詞で「〜したい」になると。

want to だと少し直接的すぎるので、丁寧に言いたいときは would like toを使いましょう、とも。ただそう言われたところで、謙虚な私たち日本人ですから堂々と「〜したい!」なんて言い出せなくて、いささか使いにくいような want to。まずは例文を見てください。

だれが	どうする	だれに	なにを
You	**want**	**me**	**to get you a coffee?**
あなたは	してほしい	私に	あなたにコーヒーを買ってくる

→ あなたは私にコーヒーを買ってきてほしいですか?

な、ちょ、すげー上からだな……。ネイティブにこんなこと言われた日には、「ちょっとやっぱ外国人無理……」と英語の勉強を諦めてしまいそうですよね。実際にこういう日本語の外国人がいてもたじろがないでください。これは実際は「〜しようか?」ぐらいの温度感なんです。なのでYou want me to…?　と聞かれても、是非こう脳内変換してください。

だれが	どうする	だれに	なにを
You	**want**	**me**	**to get you a coffee?**
	しようか		あなたにコーヒーを買ってくる

→ コーヒー買ってこよっか?

そしてお言葉に甘えるのであれば、

Yeah, thank you.／Yes, please.

あーありがと。／はい、お願いします。

自分でやるからいいよ〜と言いたければ、

No, I'll get that myself. But thanks.

（丁寧に言いたければ **But thank you.**）

と返しておきましょう。逆に相手から、You want to get me a coffee? と聞かれたとしても、あなたは私にコーヒーを買ってきたいですか？ ではなく、「僕に（私に）コーヒー買ってきてくれない?」ぐらいの感じです。

［ **You don't want to do this.** ］

この文章、皆さんだったらどう訳しますか?

「あなたはこれをやりたくない」とほとんどの人が訳すんじゃないでしょうか。

そう訳してしまって「やっぱり外国人は(以下略)」とならないために次の訳を脳にインストールしてください。

> You don't want to…
> は「…しない方がいい」

なので、

You don't want to do this.
こんなことしない方がいいよ。

という意味になります。

このフレーズを耳にするのって、目の前の人が何か危険なことをしようとしているときや、何か後々その人の不利益になりそうなことをやろうとしているときに忠告したり、相手を諫めるようなときです。

「(後々不利益になるから)あなたはそれをしたくないよ」と

訳せばしっくりくるかもしれませんね。

この **"You don't want to do this."** だけで、結構いろんなシチュエーションで使えます。

- 誰かが面白半分で
  高いところから飛び降りようとしているとき
- 上司がカッとなった勢いで
  部下をクビにしようとしているとき
- 友達が彼氏のケータイを見ようとしているとき
- クラスメイトが女子更衣室を覗こうとしているとき
- 彼氏のいる友達が
  別の男と二人で旅行に行こうとしているとき
- 喧嘩でカッとなった彼女が、
  自分が大事にしているギターを高々と持ち上げたとき

Point!

You don't want to do this.

やめといた方がいいよ。
やめといた方がいいんじゃないですか。
やめときましょうよ。

do this のところを他の動詞に入れ替えてももちろんいいです。

You don't want to lock up your dog
all day like that.

そんなふうに一日中犬を閉じ込めておかない方がいいよ。

You don't want to leave the dishes undone.
They will smell.

お皿洗わないままにしない方がいいよ。あとで臭うよ。

You don't want to break up with her **like that.**

彼女とそんなふうに別れない方がいいって。

don't want toが「〜しない方がいい」と
なるのは主語がyouのときだけなので、I
don't want toやwe don't want to、
they don't want to というときは「〜し
たくない」と訳して大丈夫です。

3. 「〜できる」だけで 覚えてると詰むcan

できる＝can、できない＝can't。習いましたよね。
それがCan I…？　Can you…？　と疑問形になると急に「…
してもいい?」「…してもらえる?」になって戸惑いを覚えた
方もいるのではないでしょうか。
そんな方に新しい戸惑いもとい、canの他の使い方をお教え
します。

[**It can wait.**]

この文章、どう訳すと思いますか?
「それは待てる」？　なんのこっちゃ。
「それは待つことができる」、つまり、それをするのは今じゃ
なくてもいい、あとでいいという意味になります。

> ○○ can wait. で
> ○○するのは あとでいい

Can it wait?

I have a meeting in 5.

それ、あとでもいい?

あと5分でミーティングなんだよね。

No, this can't wait.

いや、今じゃないと。

Can we talk about this later? と、日本人なら言ってしまいそうなところですが、 **Can it wait?** この3単語で通じるんです。

[**You can't tell my mom.**]

さて、皆さんならこの文章どう訳しますか?

「あなたは私のお母さんに言うことができない」と訳す人がほとんどだと思います。概ね can の意味は「○○する能力がある」だと理解している人がほとんどでしょう。もちろんその意味で使う場合もありますが、ここでの can は「○○してはいけない」という意味になります。

```
canの意味 ─── 1. ～できる
               2. ～してもいい
........................................................
can'tの意味 ─── 1. ～できない
                 2. ～してはいけない
```

My mom can never know.

母さんに知られちゃ絶対ダメだ。

It's okay, you can tell me.

大丈夫だよ、話してくれて（私には話していいんだよ）。

You can leave the door open.

ドア開けたままでいいよ。

This can't be happening.

こんなのダメ（こんなことが起こってはいけない）。

That can't be true.

ウソだろ（そんなことが本当であってはいけない）。

That sofa can't go there.

そのソファはそこに置いちゃダメ。

「〜してもいい」って
be allowed toとかmayじゃないの?

「〜してはいけない」ってshould notとか
be not supposed toじゃないの?

may は、許可を表すニュアンスのときは非常にフォーマルな言葉です。「〜してよろしい」ぐらいの温度感です。

法廷で裁判長が「**Witness may step down.**（証人は下がってよろしい）」と言うときや、牧師さんが「**You may kiss the bride.**（花嫁にキスを）」と言うときのフォーマル感です。

日常会話で使う may は「〜かもしれない」一択の認識で問題ないでしょう。

be allowed to は、何かの規定やルールのもと、それが許可されているという意味なので、**You are allowed to tell me that.** と言うときは法律上もしくは規則上「その情報は開示してもいい」ということになります。

> なのでcanかbe allowed toで迷ったときは、何かのルールや言いつけに従っているのかどうかを判断基準にするといいでしょう。

Point!

「～してもいい」が
「～すればいい」になったりする

皆さんは「～してもいい」と聞いたときと「～すればいい」と聞いたときで、どんなニュアンスの違いを感じますか? 例えば、「行きたいなら行ってもいい」というのと「行きたいなら行けばいい」というのではどう違うでしょうか。

前者は「どちらでも好きにしていい」と選択権を与えるニュアンスですが、後者には「行こうが行くまいが自分にはどうでもいい」という、つっけんどんな印象を抱くと思います。これをcanを使って言い分けることができます。

（娘が留学したいと言い出した）

She can study abroad if she wants.
あの子がそうしたいなら、留学してもいい。

She can just study abroad if she wants.
娘がそうしたいなら、留学でもなんでもすればいい。

そう、just をcanと動詞の間に入れるだけで、「～してもいい」を「～すればいい」に言い換えることができるんです。

もちろん実際に声に出して言うときも、つっぱねるような言い方になります。

この「〈人〉can just…」という言い方は、話し手がその人のことは「知ったこっちゃない」「どうでもいい」というときの言い方なので、捨て台詞などを吐くときはもっぱらこの表現が使われます。

They can just shut up already.

あいつらいいかげん黙れよな（いいかげん黙ればいいのに）。

My boss, she can just
screw up something and get fired.

私の上司、なんかやらかしてクビになればいいのに。

4. 誇張が過ぎる、
英語の比較級・最上級

もう大体おわかりかと思いますが、英語ではとにかく表現が
大袈裟です。

ここで紹介する比較級・最上級も、「どっちと比べてどっち
の方が」であったり「〇〇の中で一番」というようなニュー
トラルな比較のためにというよりも、やたらめったら誇張す
るために使われるものばかりです。

まずは、構造をおさらいしておきましょう。

	2音節以内	3音節以上	意味
比較級	形容詞+er	more+形容詞	より〇〇だ
最上級	the 形容詞+est	the most+形容詞	一番〇〇だ

Point!

> 音節が少ない形容詞の後にはerやest
> をつけ、音節が多いものには単語の前
> にmoreかthe mostをつけます。

音節というのは、母音と子音の組み合わせで成る音のブロックのことで、3音節以上の単語というのは例えばこういうのです。

	❶	❷	❸	❹
interesting 興味深い	in – te – res – ting			
entertaining 楽しませる	en – ter – tai – ning			
supportive 協力的な	sup – por – tive			

	比較級	最上級
interesting 興味深い	more **interesting**	the most **interesting**
entertaining 楽しませる	more **entertaining**	the most **entertaining**
supportive 協力的な	more **supportive**	the most **supportive**

これらの単語は、前に more や the most をつけます。
これより音節が少ない単語は、単語の後に er や est をつけます。

	❶
big 大きい	big
smart 頭がいい	smart
crazy 頭おかしい	cra - zy
pretty きれい	pre - tty

	比較級	最上級
big 大きい	**big**ger	the **big**gest
smart 頭がいい	**smart**er	the **smart**est
crazy 頭おかしい	**craz**ier	the **craz**iest
pretty きれい	**prett**ier	the **prett**iest

- gで終わる単語はgを重ねてer、estをつける
- yで終わる単語は、yをiにしてer、estをつける

基本的なルールでは3音節以上のものはmoreやthe most
をつけるんですが、boringやcaringなどの、2音節でもing
で終わるものは、erやestではなく、moreやthe mostを
つけます。例文を見てみましょう。

比較級	**He is <u>old</u>er than me.** 彼は私より<u>年上</u>だ。
最上級	**He is the <u>old</u>est among us.** 彼はうちらの中で一番<u>年上だ</u>。

比較級	**She is more <u>caring</u> than me.** 彼女は私より<u>優しい</u>。
最上級	**She is the most <u>caring</u> among us.** 彼女は私たちの中で一番<u>優しい</u>。

この例文だけ見ている
と、使える場面がかなり
限定的に思えますが、ネ
イティブは日常的に比
較級と最上級を会話の
中に盛り込んできます。

比較級:
これ以上〇〇なことがあろうか、いやない。

いわゆる反語ってやつですね。英語でもよく使われます。
ただ日本語でも「〇〇だろうか、いやない」なんて言わない
ですよね。なので英語でも「**どんだけ〇〇なんだよ**」ぐ
らいの解釈が適当かと思います。
コマンドがあるのでこれをこのまま脳にインストールしてく
ださい。

Can/Could＋主語＋動詞＋any＋比較級

Could **it** be any worse ?　　　　　◀ badの比較級

いや、ひどくね？（これ以上悪くなることある？）

Can **it get** any better ?　　　　　◀ goodの比較級

最高なんだけども（これ以上よくなることある？）。

Could **it** be any hotter **in here?**　◀ hotの比較級

ここ、クッソ暑いんだけど（これ以上暑くなることある？）。

Could **he** be any more annoying ?　◀ annoyingの比較級

あいつマジでウザいんだが（あいつこれ以上ウザくなることある？）。

他にも、ちょっとした返答に比較級は使えます。

How you doing?

最近どう?

文法上正しくは
I have never been
betterですが、
I haveはよく省かれます

Never been better.

最高よ（これ以上良かったことがない）。

I've been better.

全然だわ（前の方が良かった）。

Point!

ネイティブの日常会話では、上の**How you doing?**のようにareなどの動詞を省くことがあります。文法的に不完全に見えても、こちらの方が自然に聞こえるんだとか。

Well, that was a nasty fight.

いやー、今のはドロドロした喧嘩だったね。

I've seen worse.

もっとひどいの見たことあるよ。

Yeah, that was the worst.

本当ひどかったねー（最悪だった）。

最上級：
一番○○は必ずしもナンバーワンじゃない。

ネイティブが最上級を使うときって、必ずしも他のものと比べて「最も○○」ってときじゃないです。**せいぜい「すげー○○」**ぐらいです。

I had the craziest dream last night.
昨日めっちゃ変な夢見た。

He is the hottest guy I've ever dated.
あんないい男と付き合ったの初めて（今まで付き合った中で一番いい男）。

She is the prettiest girl I've ever seen.
あの子、めっちゃ美人（今まで見た中で一番美人）。

**My boss is one of
the smartest people I've ever met.**
うちの上司は今まで会った中でもめちゃめちゃ頭がいい。

このように「今まで会った中で」とか付けてさらに誇張してくるんですが、実際に「今まで会った中で一番」なのかは疑問なところです。本当にせいぜい「すげー」とか「めっちゃ」ぐらいだと思います。「こないだも同じこと別の人に言ってなかったっけ?」ってぐらい頻繁に聞きます。

> ネイティブから最上級で褒め言葉をもらっても有頂天にはならないよう注意です。

正真正銘の一番のときは、「〇〇の中で」をつける。

とはいえ、本当に「〇〇の中で一番」と言いたいときもやはり最上級を使います。

ただそのときは「〇〇の中で」を必ず文章の中に入れるようにしましょう。

Mt. Fuji is the **tallest mountain** <u>in Japan</u>.

富士山は<u>日本で</u>一番高い山。

He is the best **singer** <u>in our choir</u>.

彼は<u>うちのクワイアの中で</u>一番歌が上手い。

The **world's** finest

<u>世界</u>最高品質

Jihyo is the best **dancer** <u>among TWICE</u>.

<u>TWICEの中で</u>ジヒョが一番ダンスが上手い。

Hikakin is the most **famous YouTuber** <u>in Japan</u>.

ヒカキンさんは<u>日本で</u>一番有名なYouTuberだ。

5. thinkだけでは詰む、
英語の「思う」いろいろ

日本語というのはとてもふわふわした言語だな、と思います。文章をみなまで言わなくとも相手が察して理解してくれます。「お名前は?」と訊けば名前はなんなのかと尋ねられているし、「今日はお子さんは?」と訊けば、今日は誰が子供の面倒を見ているのか?　と訊かれていると誰でもわかります。
なんなら文章を言い切るとキツく聞こえるという、本当に不思議な言語です。

この「思う」1つとっても同じことが言えます。基本的に「思う」という動詞は、自分の意見を述べるときに使いますが、こと日本語で「〜だと思います」と文章を締め括るときって、はっきりと断言したいときではないでしょうか。例えば、恋人に「この服似合う?」と訊かれて、正直似合ってないなと思ったときどう答えますか?

似合ってないと思う

なんてとても答えられないですよね。「ちょっと雰囲気違うんじゃないかな」などオブラートに包んだ言い方をすると思い

ます。「思う」という単語を使わずに、なんとか自分の意見を伝えるわけです。

このように日本語での「思う」は大概はっきりと意見を述べるときに使うものですが、英語のI thinkは全く逆、むしろオブラートに包みたいときに使います。

I thinkはクッション言葉。

Point!

I think **you have the wrong number.**
番号が違うと思うんですが……。

I think **you're wearing your shirt inside-out.**
シャツ表裏逆で着てるんじゃないかな……。

I thinkとつけるときは基本的には、言いにくいことを相手に伝えるときや控えめに意見を述べるときです。はっきりと断定したくない、やんわりと相手に伝えたい、そんなときにI thinkを使います。なのではっきりとした意見が求められている場でI thinkと言ってしまうと、"You think?"と相手に詰められてしまうこともあるでしょう。

ここでは、I think以外の意見を述べるフレーズをシチュエー

ションや確信度別に紹介していきます。

［ 〜していきたいと思います ］

YouTubeをよくご覧になる方であれば、いやというほど聞く
セリフだと思います。
「今日は〇〇のコスメ縛りで××メイクにチャレンジしていき
たいと思いまーす!」というように。むしろテレビでも散々聞
いてきたフレーズですよね。このフレーズって、私たちは聞
き慣れていてなんとも思わないですが、分解していくといろ
んな文法要素が入っています。日本語を教えているときは一
つ一つ説明するのが大変でした。日本語を勉強している人た
ちには厄介なフレーズですが、私たちまで厄介な要素を一つ
一つ英語にしていく必要はありま
せん。

このフレーズで伝えたい
ことというのは「今から〜
するよ」ということです。
つまり、未来形です。

Today, we are going to **put some Mentos into a bottle of coke and see what happens.**

今日はコーラにメントスを入れて、どうなるか見ていきたいと思いまーす。

Today, I'm going to **prank call some customer service.**

今日は、お客様センターにいたずら電話をかけてみたいと思いまーす。

やめろ。

本書を手に取っている方が全員 YouTuber 志望というわけではないと思うので、上の例は役に立たないかもしれませんが、ここで伝えたいのは日本語の一語一語を英語に訳すのではなく、伝えたいニュアンスをシンプルに表現する、ということです。

上の「〜していきたい」は実際に何かをしたいのではなく、「今日はこれをするよ」が伝えたいニュアンスですよね。では、実際に何かを「していきたい」ときは何を伝えたいのか？

「〜したい」ということですよね。つまり want to や would like to を使います。

Point!

I want to **buy a house near a lake and live quietly with my cats.**

湖のそばに家を買って、猫と一緒に静かに暮らしていきたい。

We would like to **continue growing our company.**

今後も会社を成長させていきたい。

［〜しようと思う］

これはコマンドがあるので、そのまま脳にインストールしてください。

> I'm thinking of ＿＿＿＿ ing

I'm thinking of getting **a teeth whitening.**

歯のホワイトニング受けようと思うんだよね。

I'm thinking of moving **out of my parents' and getting myself my own apartment.**

実家から出て、自分のアパート見つけようと思うんだよね。

ただこれは過去形になると2つの言い方ができます。

● I was thinking of getting **a teeth whitening.**

● I was going to get **a teeth whitening.**

この2つの何が違うのかというと、

● I was thinking of getting **a teeth whitening.**
受けようと思った。
● I was going to get **a teeth whitening.**
受けようと思ってた。

was thinking of getting の方は、思っただけで実際に行動に移さなかった。
was going to get の方は、実際に行動に移すつもりだった。
ということです。「思った」の方は一瞬頭をよぎっただけで、「思ってた」の方はその意思がより強く、長く頭にあったような印象を受けないでしょうか。

> **I was thinking of getting a teeth whitening**は、「受けようと思うんだよね〜」と友達に話したものの、その後特に予約もせずに進展なし、というような印象。
> **I was going to get a teeth whitening**は、実際にもう予約してあって、そこに行く予定だったというときに使います。

Point!

なかなか日本語ではっきりと使い分けるのは難しいですが、違いは理解していただけたでしょうか。

［完全に…だと思い込んでた］

be convinced that…

to convince というのは「説得する」という意味ですが、それが受動態になり「私は説得された」という日本語にするとなんとも奇妙なフレーズですよね。ただ提示されたものがあまりにconvincing（説得力がある）だったためにconvinceされた＝説得されてしまったと解釈すればニュアンスが掴みやすいかもしれません。「完全にそうだと思い込んでいた」というニュアンスで、ネイティブはよく使います。

I was so convinced **that she grew up in the States.**
あの子、完全にアメリカ育ちだと思ってた。

He was so convinced **when I said**
I was from the States.
アメリカ出身だって言ったらめっちゃ信じてた。

By its poster I was so convinced **that**
the movie was scary.
ポスターからして絶対怖い映画だと思ってた。

［ 勝手に…だと思ってた］

さっきの be convinced は「完全に信じ込む」というニュアンスでしたが、「勝手にそう思ってた」というフレーズもあります。

英英辞書を見てみると、「特に証拠もなく疑問も持たずに、そうだと受け取ること」と出てきます。つまり「なんとなく勝手に、てっきりそう思っていた」というときに使えます。

> ### I assume…
> 勝手に…と決めつける

I assumed she had a sister.
あの子、お姉ちゃんいるんだと思ってた。

They assumed you wouldn't come.
みんな、お前は来ないもんだと思ったみたいだよ。

We assumed you would like wine.
なんかワイン好きかなーと思って。

過去形で使った場合は「勝手にそう思ってた」と、先ほどの I was convinced と近い印象を受けますが、assume の方はそう思い込む理由や根拠がなく「なんとなく勝手にそう決めつける」という感じです。

なので文章によって「決めつける」「〜ってことにする」と訳すこともできます。

Let's assume **it clears up in the afternoon and just get ready for a walk.**
まぁ午後は晴れるってことにして散歩に行く準備しようよ。

I'm assuming **you've never been abroad.**
海外行ったことないでしょ（勝手に決めつけちゃうけど）。

［ やっぱり…と思った！］

今度は「自分の思った通りだった」ときのフレーズです。

I knew…!

「知ってた」「わかってた」と訳すこともありますが、語気を強めて"**I knew it!**"と言うときは、「やっぱりな！」というニュアンスになります。

I knew **you liked wine!**
やっぱワイン好きだと思ったんだよね!

I knew **she would turn this out.**
彼女なら絶対巻き返すって思ったんだよね。

I knew he would have ghosted me!
もうあいつ絶対フェードアウトするって思った!

[だれも…とは思わなくね?]

Who would have thought…?

だれが…なこと思っただろうか。いや、思うはずがない。
反語ですね。

Who would have thought
**she would file a sexual harassment for
just complimenting her dress?**
ワンピース褒めただけでセクハラ申し立てられるなんて思わないじゃん!

Who would have thought
we were official after only 3 dates?
3回デートしただけで正式に付き合ってるとか思わなくない?

Who would have thought
he would have 5 kids?
あいつが子供5人も作るなんてな(誰もそんなこと思わないだろう)。

［ …しようかな ］

I guess I'll…

はっきりと「〜する」とも「〜しようと思う」とも言っていないこのフレーズですが、かなりよく使われるのでこれを機にぜひ覚えてください。

I guess I'll **take the next train.**
（今来た電車が激混みなので）次の電車に乗ろうかな。
I guess I'll **have a cappuccino.**
じゃあカプチーノにしようかな。
I guess I'll **get going. I'll be early tomorrow.**
そろそろ帰ろうかな。明日早いし。

［ 多分絶対…!（楽観的）］

I'm sure…

be sure というのは直訳すると「確信がある」ということです。

certainと似てますが、certainよりもくだけた言い方で、特に根拠はないんだけど、「きっと〇〇だと思うよ」と楽観的に相手を励ましたいときや、「〇〇なはず!」と言いたいときに使います。

I'm sure he just dozed off. He will text you!

あいつ寝落ちしてるだけだって。返信くるよ!

I'm sure it's this way.

こっちの方角だと思う。(確信強め)

I'm sure they're going to love it!

絶対気に入ってくれると思う!

I'm sure I put it right here.

本当にここに置いたんだって。

6. 多様すぎる「マジで」

最近の若い人たちは、と書くと急に自分の年齢をひしひしと感じますが、最近の若い人たちは「マジで」ではなく「ガチで」と言うらしいですね。とはいえ、どちらも似たような意味かつ日常会話で頻出で、だれしもが馴染みのある単語だと思います。

この「マジで」が英語ではシチュエーションごとに主に5つ違う言い方があるので、これらを使い分けられると、かなり英語のバリエーションが広がるのではないでしょうか。

[really]

「マジで」を英語に変換しようとして、まず浮かぶのがこれですよね。私も学校で習いました。「本当に」という意味です。なのでこれは文字通り、「本当に?」と真偽を確かめるとき、もしくは「本当に…だ」と強調したいときに使います。

> **I got the job!** 採用決まった!

> **Really?** マジで?

> **I'm really sorry.** マジでごめん。

> **It really doesn't matter.**
> いや、マジで気にしてないから。

> **It doesn't matter, really.**
> いや気にしてないから、マジで。

ちなみに日本語と同じように、イントネーションで雰囲気も変わります。

Really!?（♪）と語尾を上げるように言えば「マジでー!?（♪）」と同じ温度感になり、Really.（↘）と語尾を下げれば「マジか」と納得している様子、もしくはふつふつと沸く怒りを押しとどめているようなニュアンスになります。

[seriously]

reallyと似たような意味で使われることの多いこちらの単語、形容詞serious（真剣な）の副詞形で「真剣に」という意味です。

She is serious**.**

と言うと、「彼女は冗談で言っているんじゃない、大真面目だ」＝「マジだよ」という意味です。本当に真顔で、ちっともふざけていない状態のことですね。

I want to have a serious **relationship.**

と言うと、遊びや一時の関係でない、真剣なお付き合いがしたい、という意味です。
relationshipのみで表される関係というのは概ね恋人との関係で、家族との関係や職場での人間関係などを言い表したいときは、my relationship with familyとか、my relationship with colleagues/bossesというふうに表現します。

Facebookなどにあるrelationship statusで選べる項目が「single（独身）」「in a relationship（付き合っている相手がいる）」「in an open relationship（オープンな関係）」「married（結婚している）」と、恋愛や婚姻のステータスに終始していることからもわかりやすいかと思います。

My boss doesn't take me seriously.

と言えば、「上司が真剣に取り合ってくれない」という意味になります。

これを Really? と同じように、相手が言ったことに対してのリアクションで使った場合は、「それマジで言ってんの?」と、相手の感性を疑うようなニュアンスになります。

> **I like the new bangs on you.**
> 新しい前髪、いいじゃん。

> Seriously? それマジで言ってんの?

ここでさっきの"Really?"で、しかも笑顔で答えると「本当に!?(うれしい!)」といった感じでうれしさを表現できますが、"Seriously?"で答えるときは、眉間にシワを寄せてムスッとした感じです。同じ表情で"Really?"と言うと、自分では気に入っていなかったり自信はなくとも、褒めてもらったこと自体に特に不満はないような印象を与えます。

"Really?"はただただ相手の意見を「本当に?」と訝(いぶか)っているだけですが、"Seriously?"と訊くと「**マジでお前なに言ってんの**」と、もはや蔑(さげす)みに近いニュアンスです。

20代の友人が、バイト先の50代の男性と付き合い始めたとしましょう。友人は年上の男性が好きなのだとして、あなたはそれが信じられないとしましょう。そういうときは、

Seriously? He's like your dad's age.
本気で言ってんの?　あいつあんたのお父さんぐらいの年齢じゃん。

と言ったりできます。"Really?" と訊くこともできますが、そのときは

Really? I thought he was married.
マジで?　あいつ結婚してると思ってた。

というような文章が続きそうです。
違いを挙げると、really を使うときは真偽を確かめたいとき、seriously を使うときは理解に苦しむときです。

Seriously? You're going to wear THAT to the interview?
マジでその服で面接行くの?

Are you seriously saying that you went to the interview in THAT outfit?
マジでその格好で面接行ったの?

「マジでさぁ」と会話を始めるときには "**Like seriously,** " が使えます。この like は filler といって、いわゆるつなぎ言葉です。日本語の「あの」「その」「なんか」に相当します。日本語と同じで、連発すると自信がなさそうであるとか、教養がなさそうであるとか、あまりいい印象は与えません。あくまで「連発すると」よくないということなので、使うこと自体は悪ではありません。これが seriously とくっつくことで、「ほら、マジでさ」や「その、マジでさ」というようなニュアンスになります。

（しょっちゅう彼女を部屋に連れ込むルームメイトに対して）
Like seriously **dude, you better move in with your girlfriend.**
お前マジでさ、彼女と同棲した方がいいって。

Like seriously, **who still uses Facebook?**
マジでさ、今時Facebookとか使ってるやついんの？
マジでさ、今時Facebook使ってるとかどうなん？

[literally]

皆さんはこの単語、見たこと聞いたことありますか？ 「L」と「R」が両方入っているので、really と並んで発音が難しい単語です。「文字通り」という意味なのですが、ネイティブはしょっちゅうこの単語を使います。「文字通り」という

意味なので、相手の言ったことへのリアクションの「マジで」としては使えません。主に動作を強調したいときや、全く言葉が表す通りと言いたいときに使えます。

He literally **lives right next to Shibuya station.**

あいつマジで（文字通り）渋谷駅の真隣に住んでるよ。

Kanna Hashimoto is literally **an angel.**

ハシカン、マジ（文字通りの）天使。

Literally, **going to Shibuya on a Halloween night is suicide.**

マジで、ハロウィンの夜に渋谷行くなんて（文字通りの）自殺行為だわ。

What you just said literally **gave me goose bumps.**

今の話、マジで（文字通り）鳥肌立ったわ。

[I mean it.]

このmeanという動詞は皆さんも見たことがあると思います。「～を意味する」という意味で、

"What does it mean?"

と言うと「それってどういう意味？」という意味になりますね。映画『プラダを着た悪魔』で、主人公アレックスの名前を

まだ覚えていないミランダが「エミリー」と先輩社員の名前を呼んでアレックスを呼び出そうとしている場面で、アレックスの上司のナイジェルが "She means you." と言います。「(エミリーって呼んでるけどあれは)君のことを意味してるんだよ」ということです。これが動詞 mean の一般的な意味ですが、もう1つ、強調したり、念を押すという働きがあります。それがこの、"I mean it." です。その働きゆえ、I mean it 自体の日本語訳が文脈によって変わってきます。何を強調して念を押したいのかを見極めて、臨機応変に訳を考えてみましょう。

(自分が精巧に作り上げたフィギュアを、小学生の弟が手にとった)

Dude, put it back. I mean it.

おい、それ元のところに戻せよ。マジで。

**I want the draft by Monday morning.
And when I say Monday morning,
I mean Monday morning.**

月曜の朝までに案まとめてきて。
で、月曜の朝って言ったら何がなんでも月曜の朝だからね。

When I said I wanted a divorce, I meant it.

離婚したいって言ったの、あれ本気だから。

[I swear to God]

もう、ものすごく英語っぽい表現が出てきました。「神に誓

う」ですね。スケールがでかすぎて「やっぱり外国j……（以下略）」とならずに、これも「マジで」の1つとして是非脳にインストールしてください。なんとなくわかると思うんですが、神に誓っちゃうぐらいです、相当な心意気です。

つまりこれには 語気を強める働き があります。

If you mess with my collection one more time,
I swear to God, **I will beat the shit out of you.**

あと一度でも俺のコレクションめちゃめちゃにしたら

マジで ボッコボコにすっからな。

If I saw that dude talking to my sister one more time, I swear to God…

あの男がまた俺の妹に話しかけてたらもう **マジで…**。

具体的に「どうしちゃうぞ!」と言わずに I swear to God だけで止めるときもあります。

うん、もう、**めっちゃおこ。**

I swear to God と言うときは、「マジで、これをこうだからな!!」と怒り心頭のときが多いです。声に出して言うときもかなり語気を強めて言います。

他にも、なんとか相手に信じてほしい、「神に誓って」自分の

言っていることは正しいと主張したいときも I swear to God が使えます。

I didn't do it, I swear!

マジで、本当にやってないんだってば!

I only saw her once, there's nothing going on, I swear!

彼女に会ったのは1回だけで、本当に何もないんだって、マジで!

浮気の弁解かな?

It was just that one time and won't happen again, I swear to God.

あの1回きりだし、もう絶対次はしないから、マジで。

やっぱ黒じゃねえか

Point!

I swear to Godまで言わずに I swear で止めることもあります。I swear to Godの方がより語気強めです。

In Summary...

英語にはシチュエーションに応じて、いろいろな「マジで」
がある。

╴╴╴╴ ここでのまとめ ╴╴╴╴

- really ──────────── 真偽を確かめる
- seriously ────────── 相手の感性を疑う
- literally ─────────── 言葉の通りであること、
  動作を強調する
- I mean it ─────────── 念を押す
- I swear to God ────── 語気を強める

7. ネイティブ、
「神」巻き込みがち

前の項で紹介した、**I swear to God** のように英語には God（神）にまつわる表現がたくさんあります。誰かがくしゃみをすれば "**（God）Bless you.**" とその人に神からの加護があるよう願いますし、アメリカでは大統領もスピーチの締めは必ず "**God bless America.**"（アメリカに神の御加護があらんことを）です。

Oh my God.

って、聞いたことありますよね。
外国人、こと英語話者といえばこのセリフを連発しているイメージを皆さんもお持ちではないでしょうか。さてこの **Oh my God** ですが、どういうときに使われると思いますか？
おそらく、頭を抱えながら「オーマイガー！」と狼狽する外国人が目に浮かぶ人が多いと思います。もちろんその意味でも使うのですが、その汎用性は日本語の「やばい」に匹敵します。

Oh my God
は「やばい」と同じぐらい使える

Oh my God は、辞書を見ると、「驚き、衝撃、怒りなどの感情をより強調するために使われる」とあります。

もう「やばい」の使われ方のそれ。

> ただこれは感嘆詞なので、日本語のように「やばい〇〇」というふうに形容詞として物や人の前に置くことはできません。

日本語の「やばい」と同様に、連発すると言葉の乱れを嘆く人がいたり、語彙の少なさから相手を下に見ようとする人もいます。これはアメリカの <u>valley girl</u> *がその象徴といったところで、さしずめ日本のギャルです。**Oh my God** 自体がギャル語というわけではありませんが、日本のギャルが「えー、やばーい」というノリで **Oh my God** と言えば、そのまま valley girl になれます。

日本語でもいろいろなシチュエーションや感情を表すために「や

＊カリフォルニア州サンフェルナンド・バレーあたりに生息する、おおよそショッピングぐらいにしか関心がなさそうな金持ちの家の娘。日本のギャルを彷彿させる、独特のイントネーションで話す。

ばい」が使われますが、日本語のときと同じ言い方で区別すれば、大体どんな場面もカバーできるでしょう。

Oh my God, you're such a great singer!
やばい[すごい]、歌上手いんだね!

Oh my God, Lady Gaga just walked into our store.
やばい[どうしよう]、今店にレディー・ガガ入ってきたんだけど。

Oh my God, he followed me back!
ちょ、彼フォロバしてくれたんだけど! やばー! [信じられない、嬉しい]

"Look at his abs." "Oh my God."
「ねえ、あいつの腹筋見てよ」「やっば」

"He proposed me yesterday!" "Oh my God, congratulations!"
「昨日プロポーズされた!」「マジか、おめでとう!」

My boss is calling me.
Oh my God, oh my God, oh my God…
上司から電話かかってきてる、あかんあかんあかん…。

ここで理解していただきたいのが、**Oh my God** の概念です。それは、

● 驚きなどをより強調して伝えるためのもの
● 相手の言ったことや自分が見聞きしたものへの
　リアクションとして使われる

ということです。

それさえわかって使っていれば日本語訳なんてどうでもいいのです。ご自分だったらどんなセリフを当てはめるか考えてみてください。そうするとより英語を話すときに自分の感情を投影できるようになります。

[God]

Oh my Godはかなり多様な感情を表せましたが、God単品でもよく使われます。これはどちらかというと**心の叫び**、でしょうか。心の底から漏れ出る「あぁもう!」に相当すると思います。**Oh my God**は主に驚きを表しますが、こちらは苛立ちも表せます。

God, I hate summer.

あーもう、夏ほんと嫌い。

You really sold your husband's PS4?
God, you're awful!

本当に旦那さんのPS4売っちゃったの?
もう、本当ひどいんだから!

My God, it's loading forever!

あーもう、ずっとロードしてんだけど!(ゲーム)

God, I'm glad you came home safe.

あーもう、無事に帰ってきてくれてよかった。

[Jeez]

Godと似たようなニュアンスでこちらもよく使われます。
Jesus（キリストのこと）という感嘆詞からきているのですが、宗教上の理由で神やキリストの名前を気軽に感嘆詞として使ってはいけないというルールがあるようです。
Jesus! と言うと、**Jeez**よりもより驚いている、もしくはより混乱しているような印象を受けます。

> Jesus同様に「驚き」や「苛立ち」を表すために文頭や文末で使われますが、**Jesus!** と言うときほど動揺はしていないような印象です。

Jeez, how many beers did you have?
ちょっと、ビール何杯飲んだのよ？（相手の泥酔ぶりに驚いている）

They sent me the wrong item again.
I'm going to make a complaint.
また違う商品送ってきた。クレーム入れてやるわ。

Jeez, relax.
おい、落ち着けって。（相手の大袈裟なリアクションに辟易している）

これらをGodに置き換えて言うこともできますが、より感情的なリアクションになります。Jeezというと、驚きながらもまだ笑顔を保てていそうですが、Godにするとものすごい剣幕になります。

God, how many beers did you have!?
もう！　一体ビール何杯飲んだのよ!?
（相手の泥酔ぶりに驚いている or 相手がよほど深刻な状態である）
They sent me the wrong item again.
I'm going to make a complaint.
また違う商品送ってきた。クレーム入れてやるわ。
God, relax.
もう落ち着けって!
（相手の大袈裟なリアクションに辟易している、以前も同様のことがあった）

言い終わったあと、大きなため息をついて頭を抱えそうな印象です。

[God knows]

っていう歌がありましたね。大好きでした、涼宮ハルヒ。
これは「神のみぞ知る」、転じて「だれにもはっきりとしたことはわからない」という意味のOnly God knowsと同じですが、全く理解に苦しむとき、何かについて全く知識を持

ち合わせていないというときに使います。

God knows **where** **he lost his phone.**
まったく、あいつはどこでケータイをなくしたんだか。

God knows **why** **he did such a thing.**
あいつ、なんであんなことしちゃったんだかね。

God knows **who** **she is with right now.**
あの子、今だれといるんだか。

God knows **how far** **he knows.**
あいつどこまで知ってるんだか。

God knowsの後にすぐ疑問詞をつけて、
「だれが/なにが/どこで/なんで○○した
んだか」というような意味になります。

"What did he mean by that?"
"God knows!"
「今のどういう意味だったんだろうね?」 「知るかよ!」

[Thank God]

「神様ありがとう」とはもう一体、日常会話でいつ使えばいいんだと思ってしまいそうですが、これは単なる「よかった」です。何かの感想を訊かれて「よかった」と答えたいときではなく、緊張から解放されたり、悪いことが起こらずほっと安堵するときに使います。

（落としたケータイを拾い上げて）
Oh thank God,
I thought I smashed my phone again.
あーよかった、またケータイ粉砕したかと思った。
Thank God **I have insurance.**
保険入っててよかったー。
Thank God **my parents didn't see my test results.**
親にテストの結果見られなくてよかったー。

こだわりメイク

私はドラァグクイーンが好きです。

バカでかいウィッグ、何重にも重ねたつけまつげ、きらびやかな衣装。自分の中の幻想をクイーンのペルソナとして具現化する。カリスマ性（charisma）、独自性（uniqueness）、大胆さ（nerve）、才能（talent）が求められる、美しくも厳しい世界です。

特に最近の彼女たちのメイク技術は素晴らしい。色使い、アイラインの緻密さ、好みかどうかは抜きにして、はっと息を呑むような芸術作品そのものです。

私にとってもメイクは、普段の自分を脱するもの。幻想の具現化です。

私の顔はコンプレックスの塊なので、それを自在に変えられるメイクが大好きです。

眉は元の位置より少し高く、おでこが少し狭く見えるように。小さすぎる鼻は鼻筋をコントゥアで削って、ハイライトで細く、高く見えるように。薄すぎる唇もふっくらと見えるようにオーバーラインで。つぶらな目は目頭・目尻ともにラインを引き伸ばして切れ長に。平たい顔に少しでも奥行きが生まれるように、つけまつげも忘れません。

よく「すっぴんの方がいいよ」とか「もっと眉を柔らかくしたら優しい雰囲気になるのに」というようなアドバイスをいただきますが、余計なお世話もいいところです。

そんなもん求めてねえんだよ。

なんだか最近はルッキズム批判が盛んみたいで、よく芸能人の方とかが反論してますが、元々美しい人に「見た目なんて関係ないよ」って言われたところで、ブス出身の身としてはなんにも救われないんですよね。

綺麗になりたくて何が悪い？ 元の素材が気に食わないんだから手を加えて何が悪い？

メイクにおいてもインテリアにおいても、どうも日本では手を加えていない、自然のままが好まれる傾向が強いように思います。そういう素材の美しさや、飾らないことに美を見出すのも、もちろん素敵だと思いますけど、私は美しく飾られたものを見てため息をつきたい！

だからケバいと言われようが、ファンデーションはきっちり塗って、チークもしっかりと載せて、鏡を見た瞬間に自分でため息が出るようなメイクを、死ぬまで続けていきたい。

日本で認知されている、いわゆる「モテ」からは、私は大きく外れています。いつまでも若々しく、可愛らしく少女のような見た目と声。なんでも優しく受け入れてくれそうな、柔らかい雰囲気。酒とタバコで潰れたようなドスのきいた低音で、魔女っぽい見た目の私とは真逆です。

中学生にしか見えない容姿のアイドルを天使と崇

め、顔に少しでもシワが顕れたら「劣化」と揶揄する偏りに偏った美の基準が私には理解できません。そんな世間のお眼鏡に適うため、いくつになっても「可愛い」を追い求め続ける女性芸能人たちにも、魅力は感じません。言いようのない虚しさを覚えます。

なぜ赤の他人からの評価に一喜一憂しないといけないんでしょう？　それも外見なんて、人によって好みが千差万別なものに対しての評価に。そうやって人のコンプレックスを論って、「モテない」だのという言葉で、さも大勢に選ばれないことが恥ずべき、落ち込むべきことのように人を追い込む。モテる、モテないを人の評価基準にする人が一定数いて、さらに自分の価値までその基準で測ってしまうなんて……。人から選ばれるかどうかで自分の存在価値を測って、虚しすぎません？　意中の相手に選んでもらえないときはそりゃあショックは大きいですけれど、「お前なんて選ばねえよ」って思うような人から選ばれなかっ

たことで落ち込む意味あります？「**いや、こちらこそだわ**」ってなりますよね。マジで誰得なんだ、このやりとり。

若々しく見えることと、幼く見えることは違います。日本では往々にして幼さが若さと履き違えられていることが多い。

だからシワ1つで劣化した、と言われる。

いくつでも素敵な女性ってたくさんいると思いますけどね？ 歳を取るの、私は結構楽しみですよ。60代ぐらいになったら金髪ベリーショートでパンクなババアになってみたいな、とか思います。それまで黒髪守ってたのに、60代で急な金髪。スタッズ付きのライダースとか着てさ、すげえパンクなババアになりたい。

いくつになっても、その年齢の自分が一番魅力的に見えるメイクを、私は追求していきたい。

メイクし終わった後の、「おっ、いい感じじゃね？」とあらゆる角度から自分の顔をチェックするルーティーンは死ぬまで続けていきたいですね。

Lesson

3

もう慌てない！ 長文読解のコツ

Get comfortable
with relative
pronouns.

関係代名詞で
なが————————い文章を書く

皆さん、関係代名詞って何か覚えてますか？
私の認識は文章の真ん中あたりにくる what、when、where、who、which、that、whose とかです。**マジでそのぐらいの認識です。** じゃあそいつらって一体何してんの？
ずばり、

> 2つの文章を1つにくっつける。

関係代名詞として使う
what、when、where

こいつらって基本的には文章の頭に来て、最後に「?」がついて疑問文に使われるじゃないですか。でもたまに文章の真ん中にいて、2つの文章を1つにくっつけてたりします。

I don't know what this is.
I don't know when or where this photo was taken.

それぞれどんな文章がくっついて1文になってるのかというと

I don't know what **this is.**

これが何かわからない。

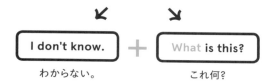

| I don't know. | + | What is this? |
| わからない。 | | これ何? |

I don't know when or where **this photo was taken.**
*

この写真がいつ、どこで撮られたのかわからない。

I don't know.	+	When and where was this photo taken?
わからない。		この写真、いつどこで撮られたの?
		*

このように、2つのうち1つが疑問文の文章がくっついて1文になっています。そしてよく見ると、1つにくっついている方の、<u>what/when/where 以降の順番が入れ替わっています</u>。

＊普通の疑問文で"When <u>or</u> where was this photo taken?とすると、「いつ」と「どこで」のどちらかがわからないというような意味不明な文章になってしまいます。通常英語では「AもBも……ない」と言いたいときは、andではなくorを使います。なので、I don't knowと否定形で始めるときはwhen（いつなのか）も、where（どこなのか）もわからない、とするほうが自然に聞こえます。

I don't know what **this** **is** .   これがなんなのかわからない。

I don't know, what **is** **this** ?   わかんない、何これ？

I don't know when or where **this photo** **was taken** .   この写真がいつどこで撮られたのかわからない。

I don't know, when and where **was** **this photo** **taken** ?   わかんない、この写真はいつどこで撮られたの？

日本語も、「わからない」と「これ何？」の2文を1つにするときは「これがなんなのかわからない」、「わからない」と「いつどこで撮られたの？」を1つにするときは「いつどこで撮られたのかわからない」と文章を変形させますよね。

受け入れるのです…

この「〜のか」の部分が、英語ではwhat/when/where以降の順番が入れ替わっている現象なのだと思ってください。

Point!

なんかよくわからんけど日本語では「のか」をつけとかないと不自然なように、なんかよくわからんけど英語では主語と動詞ひっくり返しとかないと不自然。**そこに理由はいらない。**それだけ覚えておけばいい

のです。

日本語だと、それが「どういうものか」という詳しい説明は
ものや人の前に持ってきます。

[**日本語**]

どんな	もの・人
10年住んだ	家
中学高校一緒だった	友人
不満を長文でしたためた	メール
夫婦二人して隠し事だらけの	結婚生活

それが英語では、ものか人かが先に来て、そのあとに詳しい
「どんな」がやってきます。そしてその「どんな」が上のよ
うに長ったらしい文章になったとき、両者をくっつけるのが
関係代名詞の役割です。

[**英語**]

\ くっつける /

もの・人	関係代名詞	どんな
家	+	10年住んだ
友人	+	中学高校一緒だった
メール	+	不満を長文でしたためた
結婚生活	+	夫婦二人して隠し事だらけの

そして前にくるものや人によって、who なり what なりを使い分けるんです。

関係代名詞
早見表

もの・人	関係代名詞
人	who
もの・こと	what that which
場所・状況	where
	whose

早見表なんて載せておきながら、whose を一言で説明することはできなかったので、上のやつらとは別格の何かだと、この時点では覚えてください。

what と that と which の違いはそれぞれの項で説明していきます。まずは who から見ていきましょう。

[どんな人かを詳しく：**who**]

もうそのまんま、「彼氏」なり「同僚」なりの「誰か」の後にくっつけて、その人がどんな人かを説明するのが、関係代名詞who です。

I want a boyfriend.
彼氏欲しい。

That someone is handsome, kind and rich.
そいつはイケメンで優しくて金持ち。

これを
1つにする。

**I want a boyfriend who is handsome,
kind and rich.**

イケメンで優しくて金持ちな彼氏欲しい。

だれが	どうだ	なにを		どんな
I 私は	want 欲しい	a boyfriend 彼氏が	who	is handsome, kind and rich. イケメンで優しくて金持ちな

I want a boyfriend でこの文章の一番コアになるところは伝え切っているんですが、who を挟むことによって、そのboyfriend が具体的にどんな人なのかを詳しく説明することができます。

もちろん、「どんな」が短いときは名詞の前にきますが、誰かさんの理想の彼氏像のように長ったらしい場合は後ろにきます。彼氏に求めるものが一択なら前に持ってきます。

I want a rich **boyfriend.**　　　金持ちな彼氏欲しい。
I want a handsome **boyfriend.**　イケメンな彼氏欲しい。
I want a kind **boyfriend.**　　　優しい彼氏欲しい。
というふうに。

でも理想は譲れないの、という方はこれを機に関係代名詞覚えてみてくださいね。

これを
1つにする。

I want to hire someone.
誰か雇いたい。
That someone types super fast.
そいつはタイピングめっちゃ速い。

I want to hire someone who **types super fast.**

タイピングめっちゃ速い人雇いたい。

どんなやつ
かってーと

I	want to hire	someone	who	types super fast.
私は	雇いたい	誰かを		タイピングめっちゃ速い

I have a friend.
私には友達がいる。

She speaks 5 languages.
彼女は5カ国語話す。

これを
1つにする。

I have a friend who **speaks 5 languages.**
5カ国語話す友達がいる。

I	have	a friend	who	speaks 5 languages.
私は	持ってる	友達を		5カ国語話す

どんなやつ
かってーと

I saw my ex.
元カノを見かけた。

I thought she moved to Australia and got married.
てっきりオーストラリアに引っ越して結婚したと思ってた。

これを
1つにする。

I saw my ex who **I thought moved to Australia and got married.**
てっきりオーストラリアに引っ越して結婚したと思ってた元カノを見かけた。

どんなやつ
かってーと

I	saw	my ex	who	I thought moved to Australia and got married.
私は	見かけた	元カノを		オーストラリアに引っ越して結婚したと思ってた

え、え、え、thought の後に moved が来るの?　はい、そうなんです。　who が ex を同じ文章の中で繰り返さないための役割を果たしているので、こんな並びになります。

もちろん文章の「だれが」のところに持ってくることもできます。

これを
1つにする。

My neighbor has just moved in.
お隣さんが引っ越してきた。
**Apparently she's working
at the Starbucks I always go to.**
どうも私がいつも行くスタバで働いてるらしい。

▽

**My neighbor who has just moved in is
apparently working at the Starbucks
I always go to.**

引っ越してきたばかりのお隣さんは、
どうも私がいつも行くスタバで働いてるらしい。

だれが			どうだ
	どんな人		
My neighbor	who	has just moved in	is apparently working at the Starbucks I always go to.
お隣さん		引っ越してきたばかり	どうも私がいつも行くスタバで働いてるらしい

［ どんな人かを詳しく：those who ］

特定の誰か一人のことを詳しく言うときは someone who ですが、もっと広く「こんな人たち」と言及したいときには those who が使えます。

those who **don't know**　　　　知らない人たち
those who **are interested**　　興味のある人たち
those who **have cats**　　　　猫を飼ってる人たち

このテンプレを使って、かの名言も表現できます。

Those who **are in relationship should go explode.**
リア充爆発しろ。

are と should が同じ文の中に出てきて混乱しそうですが、どこまでが文章の「だれが」に当たるのかを見極めれば怖くありません。

だれが		どうする
Those 〔 who 〕 **are in relationship**		**should go explode.**
そいつら 恋愛関係にある		べし 爆発する

（どんな？）

まず「だれが」を構成する部分を組み立てたら、あとはそいつらが「どうする」のかをくっつけるだけ。

Point!

頭の中でパッと文章をつなぎ合わせられるようになるまでは練習が必要ですが、できるようになると言えることが途端に増えて楽しくなりますよ。

Those who **smoke and hate cats, swipe left.**

たばこ吸うし猫嫌いって人は左にスワイプして。

だれが		どうする
Those 〔 who 〕 **smoke and hate cats,**		**swipe left.**
そいつら たばこ吸うし、猫が嫌い		左にスワイプして

（どんな？）

Those who catch a cold easily just don't wash their hands frequently enough.

すぐ風邪引く人たちって、よく手洗ってないだけじゃね?

だれが	どうだ
Those [who] (どんな?) **catch a cold easily** そいつら　　　　すぐ風邪引く	**just don't wash their hands frequently enough.** よく手を洗ってないだけ

Those who suspect their partners for cheating are the ones that actually cheat.

相手の浮気を疑うやつこそ、実際に浮気するやつ。

だれが		だれが
Those [who] (どんな?) **suspect their partners for cheating** そいつら　　　　相手の浮気を疑う	**are** =	**the ones that actually cheat.** 実際に浮気するやつら

もちろん those who の部分を「だれを」のところにも持ってこられます。

I want to help those who are affected by the recent earthquake.

直近の地震で被災した人たちを助けたい。

I	want to help	those	どんな? who	are affected by the recent earthquake.
私は	助けたい	人たち		直近の地震で被災した

さらに for を前につけると「○○な人たちへのアドバイス」みたいな感じになります。

For those who don't know Nana Mizuki, she is a famous voice actress/singer who is idolized by otakus from all around Japan.

水樹奈々を知らない人のために説明すると、彼女は日本中のオタクから崇拝されてる有名な声優兼歌手だよ。

For those who have cats, churu is a lifesaver.

猫飼ってる人たちにとって、ちゅ〜るは神（救世主）だぞ。

For those who are this close to cheat on their partners, just don't.

もう今にも浮気しちゃいそうって人、やめとけ。

［ どんなものかを詳しく：what、that、which］

「**なんで3つもあんだよ、ふざけんな**」って声が聞こえてきそうですが、日本語に訳しちゃうと全部「もの」やら「こと」になっちゃうので同じカテゴリーにしました。
でもね、はっきりと違いがわかっていれば間違いようがないので、これを機に是非覚えてください。

まずwhatはそれ自体が「こと」「もの」になって、後に続く文章でそれが「どんなものか」を詳しく説明することができます。

I like what you are wearing.
あなたの着ているものが好き。

だれが	どうだ	なにを	どんな
I 私は	**like** 好き	もの what	**you are wearing.** あなたが着ている

What you wear doesn't define who you are.

着るもので人格が決まるわけじゃない。

なにが	どうだ	なにを
もの What you wear あなたが着る	doesn't define 定義しない	who you are. あなたがどんな人かを

From what I understood, you don't really like French food?

私の理解したことから（考えるに）、
あなたはフランス料理がそんなに好きじゃないってことですか?

From 〜から	こと what I understood, 私が理解した	you don't really like French food? あなたはフランス料理が そんなに好きじゃない

What you see is what you get.

見たまんまよ。

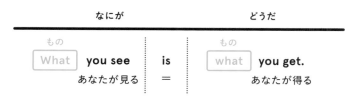

なにが		どうだ	
もの What you see あなたが見る	is =	もの what you get. あなたが得る

じゃあ that はいつ使うのか。

さっきの例文を that に置き換えて考えてみます。

I like what you are wearing.

あなたの着ているものが好き。

この what を that にすると、

I like that you are wearing.

あなたが着ているということが好き。

となって文章としておかしくなります。「着る」って「なにを」が必要な単語なので、せめて「あなたが〝スーツを〟着ているということが好き」とかにしないと変です。つまり that を使うのは、that 以降の文章が１つの文章として完成しているとき。 what を使うのは、what 以降が what がどんなものか修飾するのにとどまっていて、文章として完成していないときです。

> what ………… 以降の文章が不完全
> that ………… 以降の文章が完成している

だれが	どうだ		whatより降の文章を見ると

what以降の文章を見ると

だれが	どうだ	こと	
I 私は	can't believe 信じられない	what	you told him あなたが彼に言った

「なにを」言ったのかが文章の中になく、文章として不完全。

that以降の文章を見ると

だれが	どうだ	こと	
I 私は	can't believe 信じられない	that	you told him that あなたがそのことを彼に言った

「なにを」言ったのかが文章中にあり、文章が完成している。

[thatとwhich]

まずは次の例文を見てください。

これを
1つにする。

I bought a shirt.
トップスを買った。

It **was 50% off.**
それは50%オフだった。

I bought a shirt that / which **was 50% off.**

50%オフだったトップスを買った。

だれが	どうした	なにを	間のやつ	どんな
I	**bought**	**a shirt**	that / which	**was 50% off.**
私は	買った	トップスを	それはね	50%オフだったのよ

これを
1つにする。

I worked at a cafe.
カフェで働いてた。

It **had a beautiful terrace.**
そこには素敵なテラスがあった。

I worked at a cafe that / which **had a beautiful terrace.**

素敵なテラスのあるカフェで働いてた。

だれが	どうした	なにを	間のやつ	どんな
I 私は	**worked** 働いてた	**at a cafe** カフェで	**that/ which** そこはね	**had a beautiful terrace.** 素敵なテラスがあるのよ

で、皆さん思いましたよね、「**that と which どっち使う
ねん**」と。「**なんで 2 個あんねん**」と。

今回のように that もしくは which のすぐ後に動詞が続くとき
の使い分けは、

> **that** ………… 省略すると文章が成り立たないとき
> **which** ………… 「ちなみに」と情報を補足するとき

> 「,」なしでwhich…と文章を続けると、thatと同じ意味に
> なります。でも、それだけだと結局「どっちやねん」と
> なるので、上記の使い分けで覚えてしまいましょう。

I bought a shirt that was 50% off.
50%オフだったトップスを買った。

I bought a shirt, which was 50% off.
トップス買ったんだ、ちなみに50%オフだったんだけど。

I worked at a cafe that had a beautiful terrace.
素敵なテラスのあるカフェで働いてた。
I worked at a cafe, which had a beautiful terrace.
カフェで働いてたんだ。ちなみにそこ、素敵なテラスがあってね。

Point!

thatを使うと、それが「どんな」トップスなりカフェなのかをしっかりと説明できますが、whichを使うときは、「トップスを買った」もしくは「カフェで働いてた」ことが話し手が一番言いたいことで、それらが「どんな」トップス/カフェだったのかはただの補足に過ぎません。これはどちらが正しい言い方なのか、という話ではなく自分がどっちのニュアンスで言いたいのかで選びましょう。

そのトップスが赤いことによって話に
不思議な展開があるのだとしたらthatを使えばいいでしょうし、
その後の話の展開に全く関係ないけど、聞き手に「ちなみに赤
なんだけど」を伝えたければ which を使えばいいんです。

同様に、その素敵なテラスを舞台に話が展開していくなら that を使うでしょうし、テラス全然関係ないんだけどそのテラスがあまりに素敵だったから聞き手に伝えておきたいのなら which を使えばいいでしょう。

そのほかに that/which の後に「だれが（主語）」「どうする（動詞）」が来るパターンがあります。

だれが	どうした	なにを	間のやつ				
			（そのケータイ）	だれが	どうした		いつ
I	lost	my phone	that	I	bought	last month.	
私は	失くした	ケータイ		私が	買った	先月	

that 以下の「どんな」に相当するところにまた「だれが」「どうした」が続きます。こちらには「なにを」がありませんが、

「なにを」を繰り返さずに2つの文章を1つにつなげるために、「間のやつ」がいます。

Point1

で、ちなみにこの that、省略できるんです。 正直、日常会話だとこの that ほぼ使わないですね。

「間のやつ」すっ飛ばして「どんな」を続けちゃいます。

I lost my phone I bought last month.

だれが	どうした	なにを				
			だれが	どうした	いつ	
I	**lost**	**my phone**	**I**	**bought**	**last month.**
私は	失くした	ケータイ	私が	買った	先月

※「どんな」は「だれが / どうした / いつ」の見出しにかかる

↓

先月買ったケータイ失くした。

「**that習った意味**」って思いますよね。
ややこしいんですがthat が必要になるときと必要じゃないときがあって、「どんな」を構成する文章の中でthatが「なにが」の役割を果たしているときはthat は必ず必要になります。

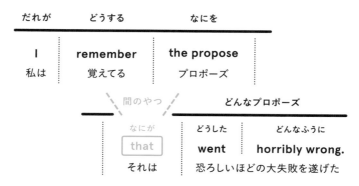

だれが	どうする	なにを
I 私は	remember 覚えてる	the propose プロポーズ

間のやつ	どんなプロポーズ	
なにが that それは	どうした went 恐ろしいほどの大失敗を遂げた	どんなふうに horribly wrong.

I remember the propose that went horribly wrong.

恐ろしい顛末を迎えたプロポーズを覚えてる。

> go wrong で「失敗する」。
> horribly がつくことで
> よりひどい意味に。

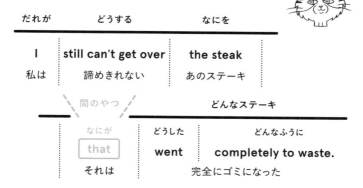

だれが	どうする	なにを
I 私は	still can't get over 諦めきれない	the steak あのステーキ

間のやつ	どんなステーキ	
なにが that それは	どうした went 完全にゴミになった	どんなふうに completely to waste.

I still can't get over the steak that went completely to waste.

完全に生ゴミと化したあのステーキをまだ諦めきれない。

だれが	どうした	なにを
My mom お母さんが	**bought** 買った	**a sweater** ニットを

間のやつ		どんなニット	
なにが	どうした	なにを	どこに
that それは	**had** ある	**a huge ass bow-tie on front.** 正面にでっけーリボンが	

My mom bought a sweater that had a huge ass bow-tie on front.

お母さんが、正面にでっけーリボンついたニット買ってた。

* huge ass のように形容詞の後に ass をつけると、「でかい」を「でけー」というふうにくだけた言い方にできます。もちろん上品な言葉ではありません。

[「どこで」「どんな状況で」を詳しく：where]

本章冒頭で紹介した「どこで…のか」の使い方とは別の where の使い方を紹介します。
関係代名詞の where は、それがどんな場所もしくは状況かを説明するために使われます。

どんな	場所・シチュエーション
10年住んだ	家
不満を長文でしたためた	メール
夫婦二人して嘘ついてばっかりの	結婚生活
主要キャラがバタバタ死んでいく	映画

The house where I lived for 10 years
私が10年住んだ家

The email where I wrote lengthy complaints
不満を長文でしたためたメール

Marriage where both husband and wife constantly lie to each other
夫婦二人して嘘ついてばっかりの結婚生活

なに	間のやつ	どんな
A movie 映画	where どんな映画?	**main characters die one after another** 主要キャラがバタバタ死んでいく

A movie where main characters die one after another

主要キャラがバタバタ死んでいく映画

もちろんこれを文章の中の「なにが」「なにを」どちらにも持ってくることができます。

	なにが		
どこ	どんな家?	どんな	
The house 家	where	**I lived for 10 years** 俺が10年住んだ	

	どうだ	
	is known は知られている	**for being haunted.** 呪われていることで

The house where I lived for 10 years is known for being haunted.

俺が10年住んだ家は呪われた家として知られている。

嫌すぎる……

だれが	どうした	だれに
I 私は	accidentally sent うっかり送った	my mother in law 義母に

なにを

an email（どんなメール？ where）I wrote lengthy complaints about her.
義母への不満を長文でしたためたメール

I accidentally sent my mother in law an email where I wrote lengthy complaints about her.

私は義母への不満を長文でしたためたメールを義母にうっかり送った。

What was the title of タイトルなんだっけ？	the movie 映画

どんな

（どんな映画？ where）main characters 主要キャラが／die 死ぬ／one after another? 1人また1人

What was the title of the movie where main characters die one after another?

あの、主要キャラがバタバタ死んでいく映画のタイトルなんだっけ？

[whose]

whose って「だれの」という意味の疑問詞として知っている人がほとんどだと思います。

Whose phone is this?　これだれのケータイ？
Whose date is that?　あれってだれのデート相手？

といったふうに。これが文章の間にくるときは、例えば次の2つの文をくっつけたいときです。

これを
1つにする。

I met a guy.
男に出会った。
His parents are extremely rich.
そいつの親すんげえ金持ち。

I met a guy whose **parents are extremely rich.**
親がすんげえ金持ちな男に出会った。

Point!

こうして「だれだれの」に取って代わって2つの文章をくっつけちゃうのがwhoseです。

これを
1つにする。

**My neighbor greeted me
in the parking lot.**
お隣さんが駐車場で挨拶してきた。

His dog is always barking.
その人の犬、いっつも吠えてる。

だれが

	どんな	
My neighbor	whose	**dog is always barking**
お隣さん		犬がいっつも吠えてる

どうする	だれに	どこで
greeted	**me**	**in the parking lot.**
挨拶してきた	私に	駐車場で

My neighbor whose **dog is always barking
greeted me in the parking lot.**
いつも犬が吠えてるお隣さんが、駐車場で挨拶してきた。

文章の中に動詞がいくつも出てきて混乱すると思いますが、こうしてみると whose の後の「どんな」の部分はあくまで大枠の「だれが」の中に収まっていて my neighbor が「どんな」人なのかを修飾しているだけだというのがわかると思います。なので冷静に「だれが吠えているのか」「だれが挨拶してきたのか」を見極められればそんなに難しいことはないんです。

これを
1つにする。

Isn't it a little cruel of you to ask someone to call an Uber?

人にUber呼ばせるってちょっと酷じゃね?

My phone battery has only 10% left.

俺ケータイの電池残り10%なんだけど。

どうだ	
Isn't it	**a little cruel of you**
じゃね?	お前それちょっと酷

なにが	どんな人か	
to ask someone to call an Uber 人にUber呼ばせること	whose **phone battery has** その人の ケータイ電池は	**only 10% left?** 残り10%しかない

Isn't it a little cruel of you to ask someone whose phone battery has only 10% left to call an Uber?

ケータイの電池残り10%しかない人にUber呼ばせるって酷じゃね?

How can I be his girlfriend?

これを
1つにする。

どうやって彼女になんのよ？（なれるわけがない）

His ex is a model.

元カノ、モデルなんだよ？

How can I be	the girlfriend	of the man
どうやってなれる	彼女	その男性の

どんな人か

---

	whose	ex is	a model?
	その人の	元カノが	モデル

How can I be the girlfriend of a man whose ex is a model?

元カノがモデルの人の彼女にどうやってなんのよ？

（なれるわけないじゃん）

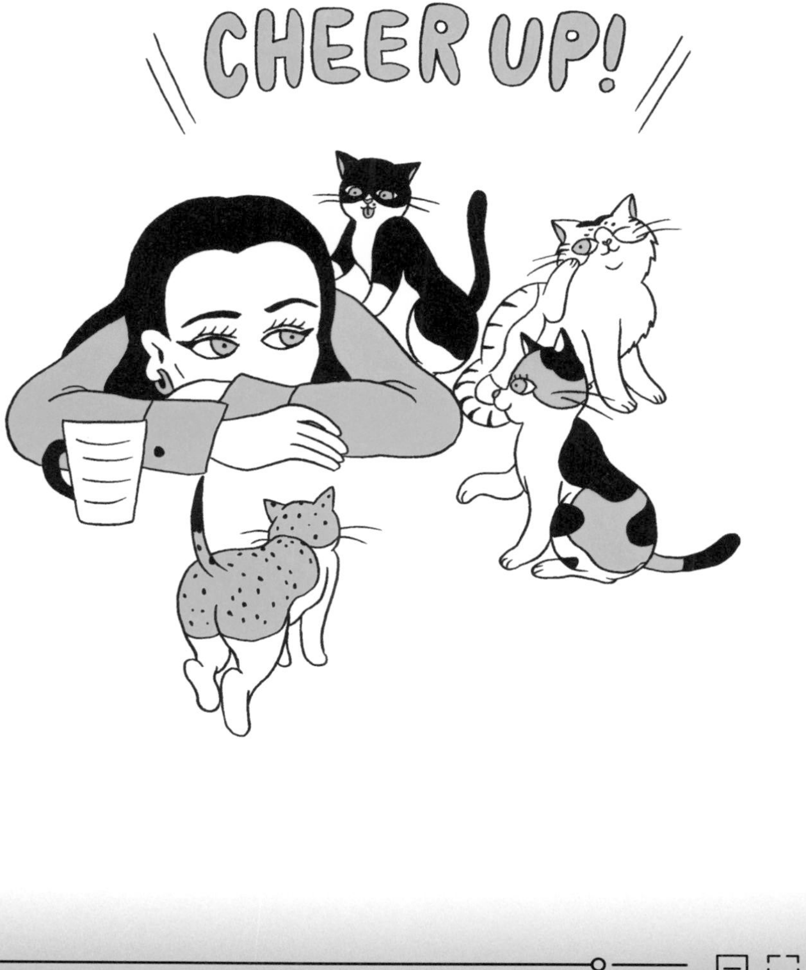
CHEER UP!

フランスに
住んだのは
失敗
だったか

フランスにいたときの話をします。

よく旅行で行ったときと実際に住むときでは全く
印象が違う、と言いますがフランスのパリの場合
は、住んでみて不快に感じたことは概ね旅行中に
も体験できました。

よくパリとフランスは違う国だとすら言われます。
なので、パリに2年住んだからといってフランス
はどうであるなんて話はできないのかもしれませ
んが、パリでの生活で見てきた現地の人々の様子
をお話ししたいと思います。

まず彼らは不機嫌さを隠しません。

眠い、二日酔いだ、生理中だ、お前が女だから気
に食わない、アジア人が嫌いだから目の前のお前

も気に食わない、腹が減ってる。理由はなんであれ、その人が不愉快に感じているときはそれを前面に出してきます。

幸いアジア人が嫌いだ！ のようなあからさまな人種差別はそこまで経験していません。

電車で席に座ったら隣の人がものすごく嫌そうな顔をして席を替わったときぐらいですかね。

「お前が女だから気に食わない」は一部の女性からひしひしと感じました。私にはつっけんどんに接する女性店員も、私の真後ろの男性客には秒速で満面の笑みへと表情を変えます。もう、すごくわかりやすい。路上で道を聞いても、悪びれもせず全然違う方向を教えてくれたり、途中まで手伝ってくれたとしてもその人がわからないところまでくると急に突き放されたり。

こちらが拙いフランス語でコミュニケーションを図っても、最初こそ耳を傾けてくれようとすれど、めんどくさくなってくると途端に突っぱねられます。相手のために無理とかしないんだ。すげえ。

レジはものすごく効率が悪いし、客が何人も並んで待ってるのにマイペースに休憩に行くし、特になんの張り紙もなしにスーパーが営業日に開いてなかったりする。集合時間には平均で2.5時間遅れてきたり、練習のために借りたスタジオの鍵を預かっておきながら「用事ができて今日練習に行けなくなった」からと取りに来させたり。

個人主義が過ぎる。でもみんな怒らないの。クレームとかにならないの、「もーしょうがないなー」とか言って。

よくこういう海外のトンデモ話をすると、「日本で馴染めないからそういうのがいいと思うんでしょ」と、時速150kmぐらいの変化球を投げてくる人がいます。海外と日本の違いを挙げると何が気に入らないのか、「じゃあ日本から出ていけばいい」と突然国から追放しようとする人もいます。どうも日本と比べて海外はこうだよ、とか日本の少しでもネガティブなことを指摘すると、一族の仇とばかりに昂ぶる方々がいらっしゃるんですよ

ね。

日本で生まれたからって、日本が好きである必要はないと思います。

好きなところと、嫌なところが両方あっていいじゃない。それらを秤にかけて、他の国がいいと思うならそこに住めばいいし、やっぱり日本がいいと思うなら日本に住めばいいですよね。

海外生活を経て日本に帰ってきたらきたで、「海外でも通用しなかったから帰ってきたんでしょww」と、時速200kmのカーブボールを（以下略）とにかくなんでも揚げ足取ってくる人がいるんですよね。彼らの、いわゆる〝海外かぶれ勢〟に容赦ない姿勢、もうある意味盲目的に日本は完全無欠で最高と信じているところ、逆に尊敬するぐらい清々しい。

紆余曲折も見方によっては失敗続きで、この人たちには私たち海外かぶれ勢の失敗は格好のネタなんでしょうけれど、飛び込んでみないとわからないことってたくさんある。他人には失敗に映った

としても、当の本人にとってはかけがえのない経験値です。

そりゃあフランスにいたときは学生の身分だったのでいろいろ制約がありましたし、フランス語はペラペラには至ってないし、フランス人のパートナーもできず、当初夢見た永住は叶いませんでしたけどね。それでもフランスで過ごした2年間が無駄だとは決して思いません。

フランスに行く前は、フランスに住むことが自分の幸せだと思っていた。それが実際住んだ後に、そうじゃない（笑）とわかった。それだけで大収穫です。

私、人生何をするにも遅いとか早いとかないと思ってます。なんでも「やりたい！」と思ったタイミングが正解です。そりゃあね、小さい頃からバレエをやっていれば今頃背中ももっと柔らかくて、ダンサーとしてもっともっとポテンシャルがあったかもしれない。大学に行ってそれから留学とかしていれば、今よりもっと英語がペラペラになっ

てたかもしれない。

でも、だから何？

小さい頃は戦隊ヒーローが好きで、バレエなんて毛ほども興味なかったし、高校卒業時は大学で勉強したいことがなくて、進学費用があるならそれをダンス留学に充てたかった。過去のことを言ったところでどうしようもないんですよ。今これからしか変えようがないのに、グダグダ文句言うのってほんと時間とエネルギーの無駄。

40代からでも留学したいならすればいいじゃないですか。大学行きたいなら今からでも行けばいいじゃないですか。ダンスだって、なんだって、やりたいことやればいいじゃないですか。自分の人生なんだから。周りのああだこうだ言う人たちって、好き勝手言ってきますけど、その通りにして失敗したところで責任とってくれないじゃないですか。ほんと、好き勝手言うくせに。

だからそんな人たちが言うことなんて最初っから聞く必要ないんです。

はい皆さん、ここまでお疲れさまでした。

文法の話もちょいちょいありましたが、途中で嫌にならずにここまで読んでくださったなら、私のMission accomplished（ミッション達成）です。今まで受験やテストのための英語だったのが、「もしかして、こうやって思ってること英語にできるの？」って思ってもらえたのなら、これ以上嬉しいことはありません。そう、英語だからって何も難しいことないんです。

伝え方を少し英語に寄せるだけ。 その英語への寄せ方のコツを、少しでも本書から掴み取ってもらえたなら嬉しいです。

本書の「INTRODUCTION」で、「8歳児レベルで必要に

なる英語の基礎をお教えします」と書きました。

で、それがすべてこの本1冊で身につくかというと、

そんなことは全然ありません。 1冊では

とても足りない！ でもね、それで絶望はして欲しくな

くて。それだけ8歳児レベルの言語の理解力ってすご

いんですよ。だって基礎が身についちゃってるから、

あとは語彙を増やしていくだけ。ここでいう語彙っ

て、要は暗記カードにあるような対訳で覚えてい

けるものです。正直、暗記カードで何

百もの単語を暗記するよりも8歳児

レベルの理解力を身につける方

が大変。逆に8歳児レベルの理

解力があれば、暗記の工程で

すらその言語のパターンが染

み付いているから、理解力

ゼロの状態から単語を暗記していくよりもはるかに楽なはずです。暗記カードで何百、何千もの単語を覚えても会話はできないけど、8歳児レベルの理解力があれば思っていることは容易に表現できる。だから8歳児最強なわけです。

私自身、「英語勉強したいけど、何すればいいんだろう?」と迷っていたとき、TOEIC対策系のテキストや単語帳を買ってみたことがあるんですけど、まーぁ楽しくないんですよね、ああいう類いの本って(笑)。だって、「このレベルの単語がTOEIC900レベルに達するには必要ですよ〜」って紹介されてる単語、普段の会話でどう使うのかわからないものばかりで。そんなのより、普段自分が楽しんでいるYouTubeの動画や海外ドラマから聞こえてきた単語の意味を

調べる方がよっぽど楽しかった。もちろんね、単語帳を何冊も読了することで知識と自信をつけていく人もいると思うんですけど、知ってる単語も実際の会話の中で聞き取れなかったり、そもそも自分の興味のある分野の会話の中に出てこなかったら意味ないですよね。

確かに高い英語レベルの人はTOEICでも高スコアを叩き出せるのかもしれない。でもね、TOEIC850点以上でも全然英語が話せない人いっぱい見てきました。あれって英語の能力を測る試験ですよね？　なんでそれでいい点数とってるのに話せないの？　**意味なくない？**

そもそも英語を話せる日本人が圧倒的に少ないために、こういった試験の点数しか個人の英語力を測る術がないのはわかります。でも実際にそのテストで

個人の実力が正確に測れていないのなら、そのテストの結果を勉強のゴールにするべきじゃないですよね。その言語で思っていることを自由に表現できることがゴールであるべきです。それってやっぱり最低ラインは8歳児ぐらいだと思います。

2020年から英語教育改革によって小学校から「聞く」「話す（やりとり）」「話す（発表）」が中心の英語の授業が展開され、中学校では英語の授業はすべて英語で実施されているようです。この改革による効果を測れるのは10年ほど先になるでしょうが、**じゃあ私たち大人は？**　今からでも遅くないです！　今からでも、ちょっとずつ学校の授業では教わらなかった英語のあれこれを知っていこうではありませんか。

最後になりましたが私のYouTubeチャンネルに登録してくださっている皆さん、いつも動画を楽しみにしてくださってありがとうございます。今回こうやって出版のお話をいただいたのも、編集担当さんがほかでもない視聴者のお一人だったからこそ。

動画の中で話したこともありますが、私は道案内の仕方だとか旅行英語だとか、そんな小手先の英語は教えたくありません。そんなもん、たかだか数本のフレーズを暗記すればいい話なのでそれらを覚えるぐらいの努力はして欲しいですし、**何より英語を自由に扱える楽しみを伝えたい。** そうなるためには別にTOEIC800点もいらないし、英語ってみんなが思ってるほどハードル高くない。英語ネイティブが、私たちには空耳アワーにしか聞こえない音の中で伝え合っていることは、案外普段の私たち

の会話そのものだったりする。

本当に英語ペラペラになろうと思ったら相応の努力は
もちろん必要です。ダンスと同じで向き不向きもあ
り、上達のスピードも千差万別。それでも、本書を
読んで「もう少し英語頑張ってみようかな」と思う人が
少しでも増えますように。

YYYOKOOO
プロフィール

奈良県生まれ、奈良県育ち。

英語ペラペラに憧れ、洋画洋楽に親しんだ中学時代を経て、

高校は英語に特化した学校に進学。

高校卒業後、ダンサーを志しアメリカ、ロサンゼルスにダンス留学。

リスニング力は向上したものの、当時は「今日は腰が痛いので全力で踊れません」が

言えない程度の英語力。

東京のダンスシーンに興味を持ち、帰国後上京。

英語への興味は消えず、海外ドラマを観漁り、「大体言ってることわかる」と勘違いし始める。

ダンサーとしては大成せず、ボランティアでダンスイベントの通訳を始める。

このとき、相手の言っていることはわかるが、自分の言いたいことが言えない壁に直面。

その後、ボランティアの通訳から、海外ダンサーの出演交渉役に昇進。

以来、イベントを通じて知り合ったダンサーと公私ともに交流を深め、

海外のダンスイベントにも積極的に観覧に行くように。

2013年、初渡仏。パリの街の美しさにやられ、パリ移住を決意。

2015年、再渡仏。

渡仏後最初のホストファミリーがフランコアメリカンだったため、意図せず英語が上達。

フランス語の勉強のために始めたランゲージエクスチェンジで、説明が上手いと褒められたのを

真に受け、YouTube上で全編英語で日本語の文法を解説する動画を投稿。

こちらも全編英語で投稿した「純日本人で英語ペラペラになったけどなんか質問ある?」の

動画がバズり、日本人向けに英語を教えるコンテンツにシフト。

以降順調に登録者数を伸ばし、2020年現在15万人超え。

STAFF

Text：YYYOKOOO

Art Direction：松浦周作［mashroom design］

Book Design：前田友紀・神尾瑠璃子・山田彩子・佐橋美咲［mashroom design］

Illustration：オザキエミ

Special Thanks：ももちゃん

〈著者紹介〉
YYYOKOOO（よーこ）　奈良県生まれ、奈良県育ち。英語系YouTuber。2018年に全編英語で投稿した「純日本人で英語ペラペラになったけどなんか質問ある？」の動画が徐々にバズりはじめ、2019年春に自身の親友に英語を教えるコーナーとして「ゲスい英会話」シリーズを開始。2020年現在、登録者数は15万人超え。地道な努力で身につけたネイティブ並みの英語を、わかりやすく面白く公開している。

これでネイティブっぽ！ ゲス女の英会話
2021年1月15日　第1刷発行
2022年4月15日　第2刷発行

著　者　YYYOKOOO
発行人　見城　徹
編集人　菊地朱雅子
編集者　三宅花奈

GENTOSHA

発行所　株式会社 幻冬舎
　　　　〒151-0051　東京都渋谷区千駄ヶ谷4-9-7

電話：03（5411）6211（編集）
　　　03（5411）6222（営業）
振替：00120-8-767643
印刷・製本所：株式会社 光邦

検印廃止

©YYYOKOOO, GENTOSHA 2021
Printed in Japan
ISBN978-4-344-03734-2 C0095
幻冬舎ホームページアドレス　https://www.gentosha.co.jp/

この本に関するご意見・ご感想をメールでお寄せいただく場合は、comment@gentosha.co.jpまで。